GUITAR TABLATURE NOTEBOOK

T
A
B

T
A
B

T
A
B

T
A
B

TAB
TAB
TAB
TAB

TAB
TAB
TAB
TAB

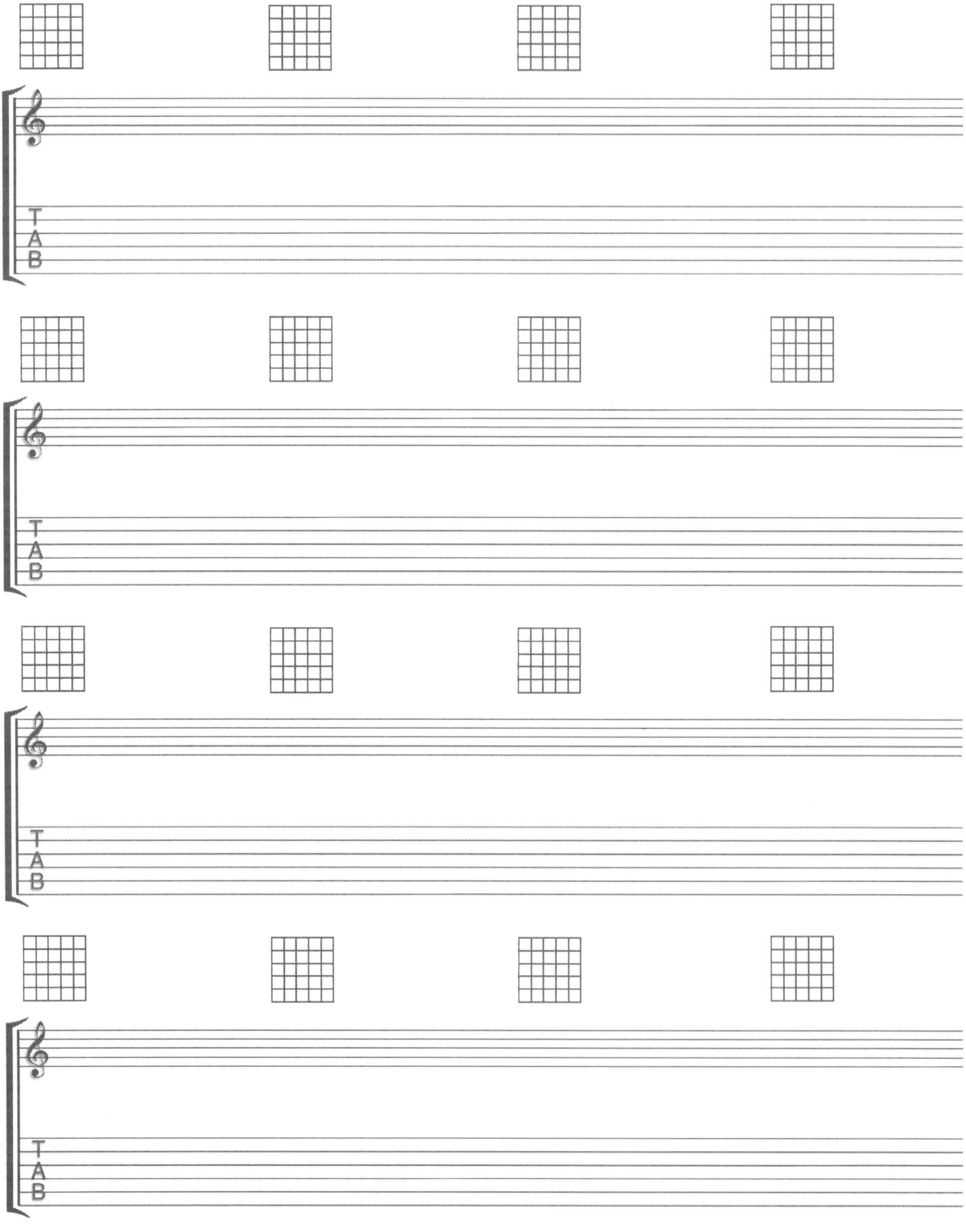
TAB
TAB
TAB
TAB

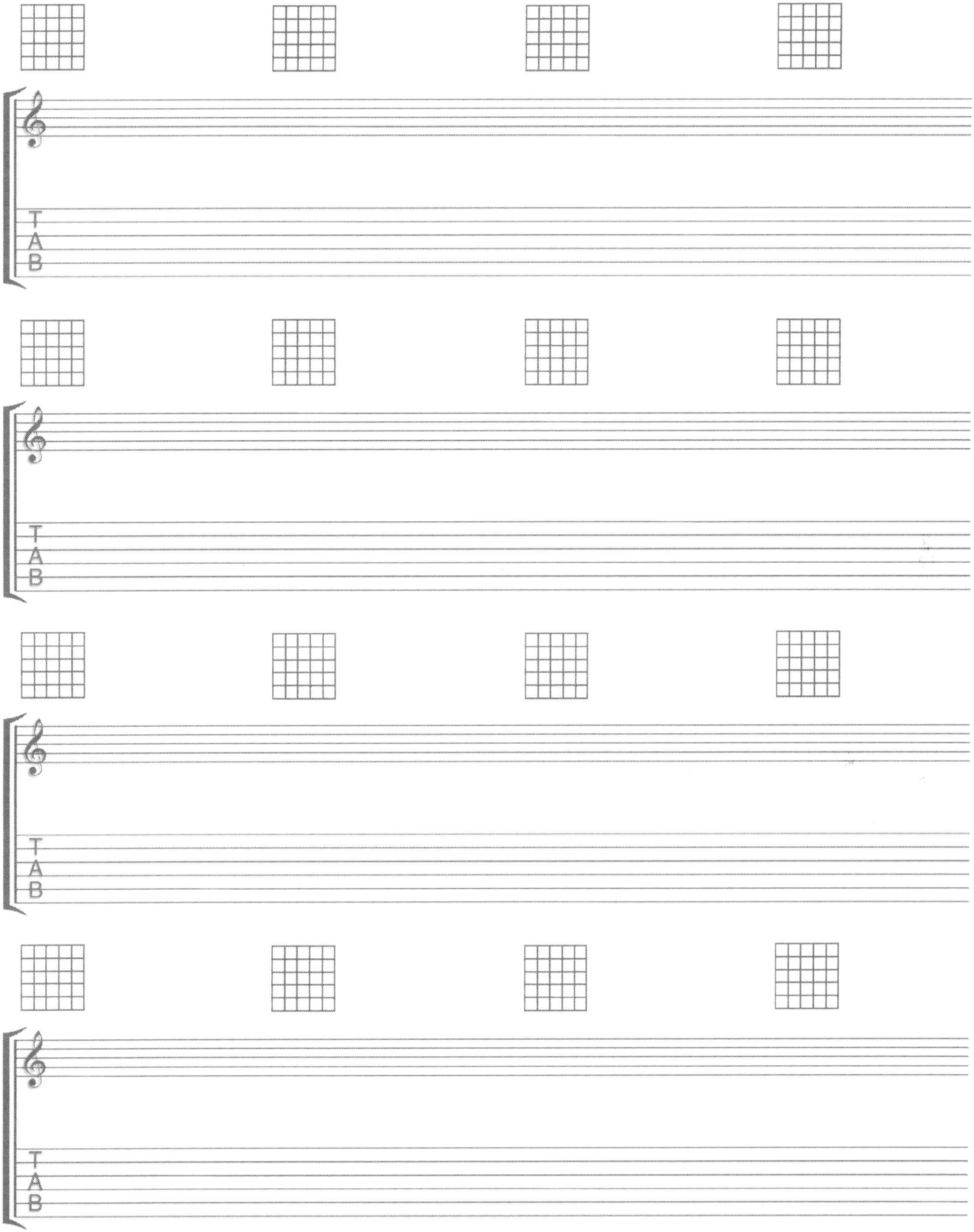
TAB
TAB
TAB
TAB

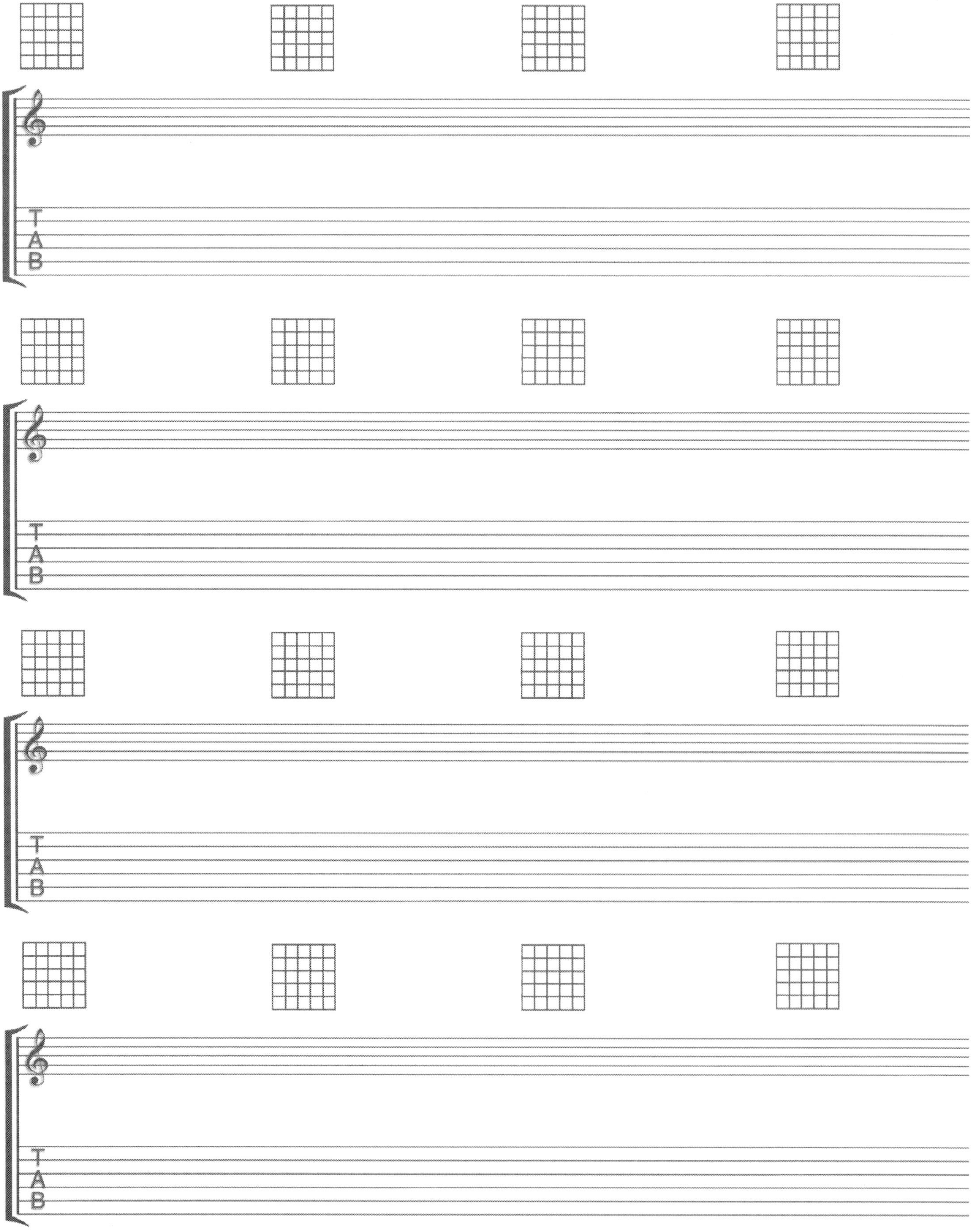

TAB
TAB
TAB
TAB

TAB
TAB
TAB
TAB

T
A
B

T
A
B

T
A
B

T
A
B

TAB
TAB
TAB
TAB

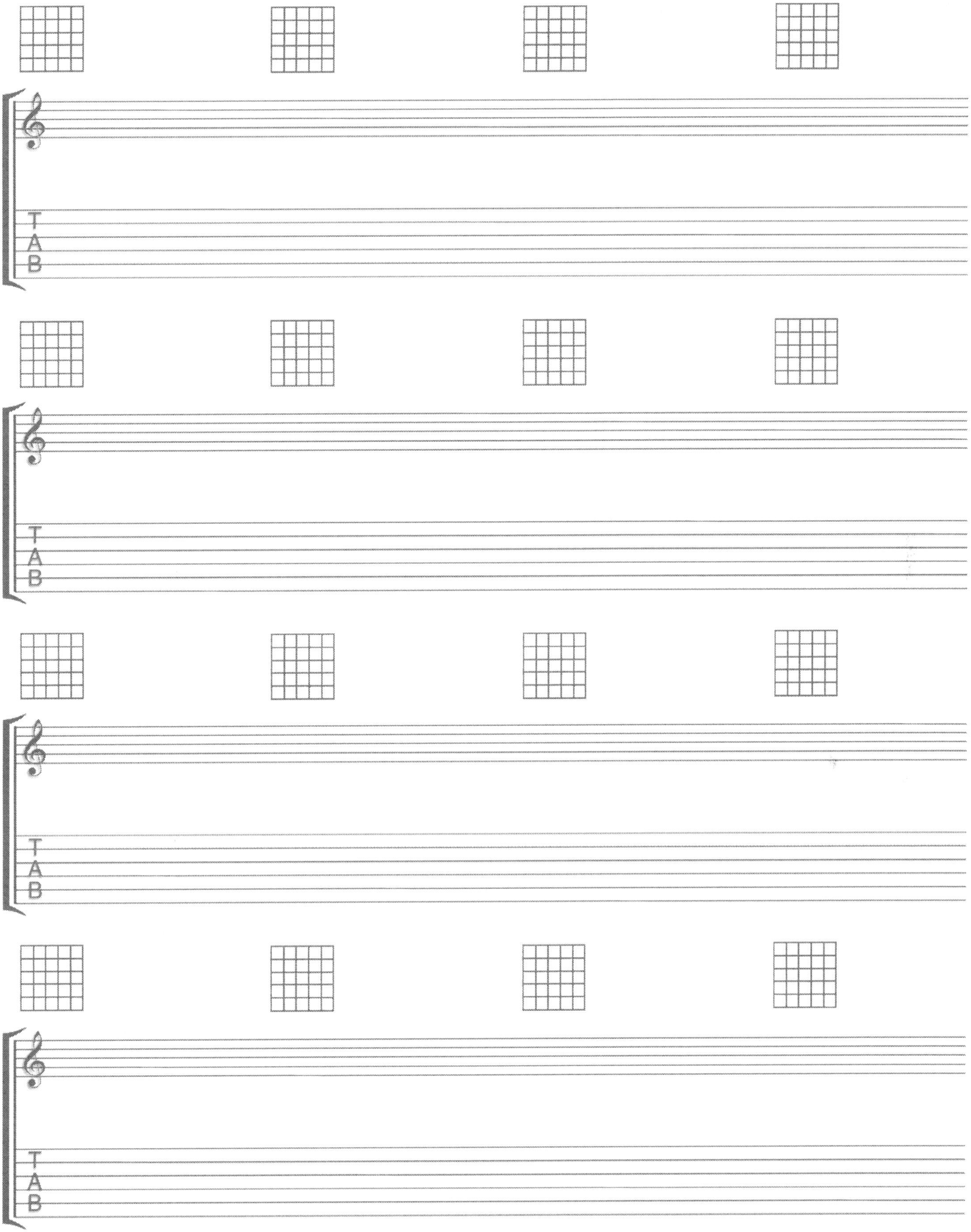

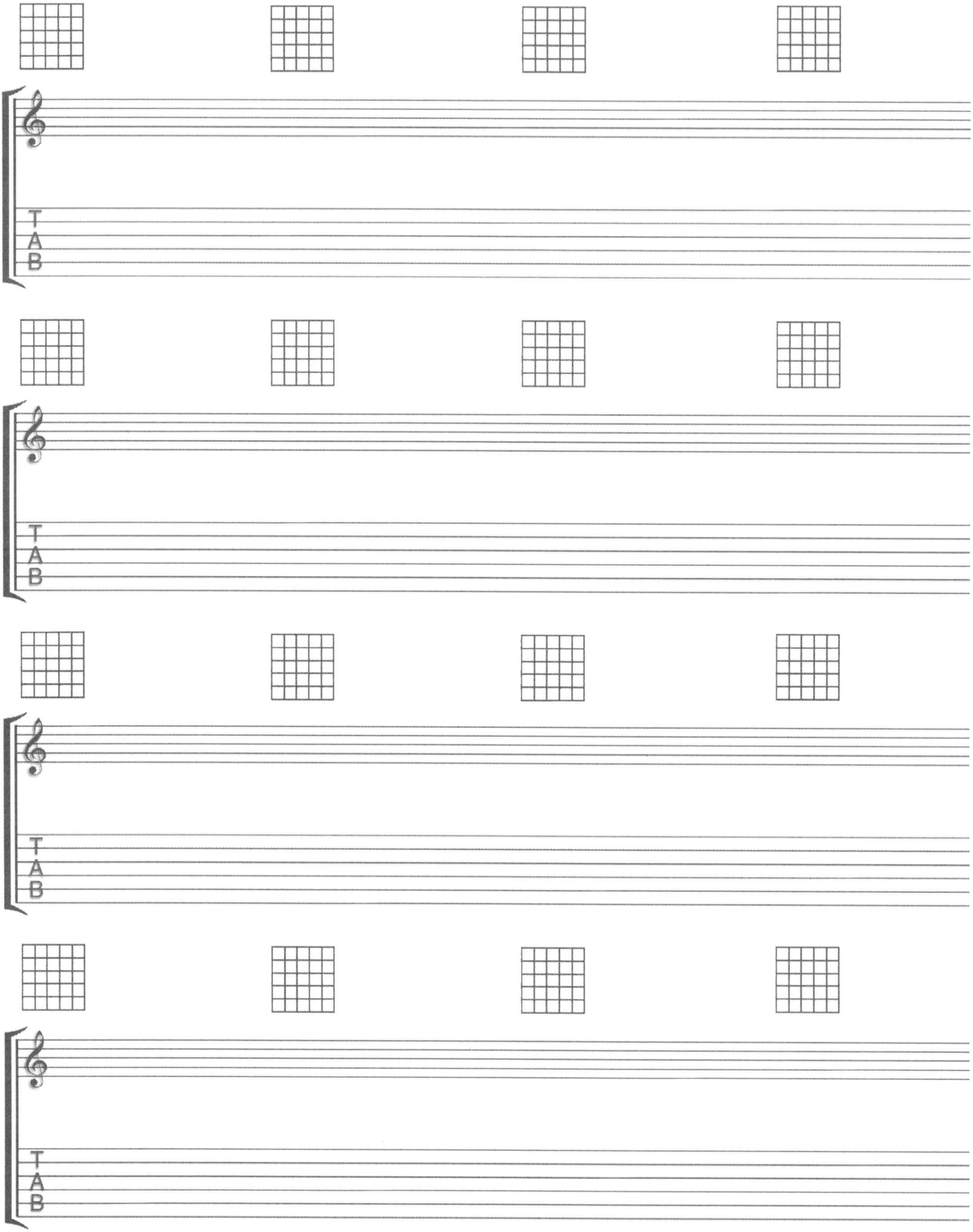
TAB
TAB
TAB
TAB

TAB
TAB
TAB
TAB

T
A
B
T
A
B
T
A
B
T
A
B

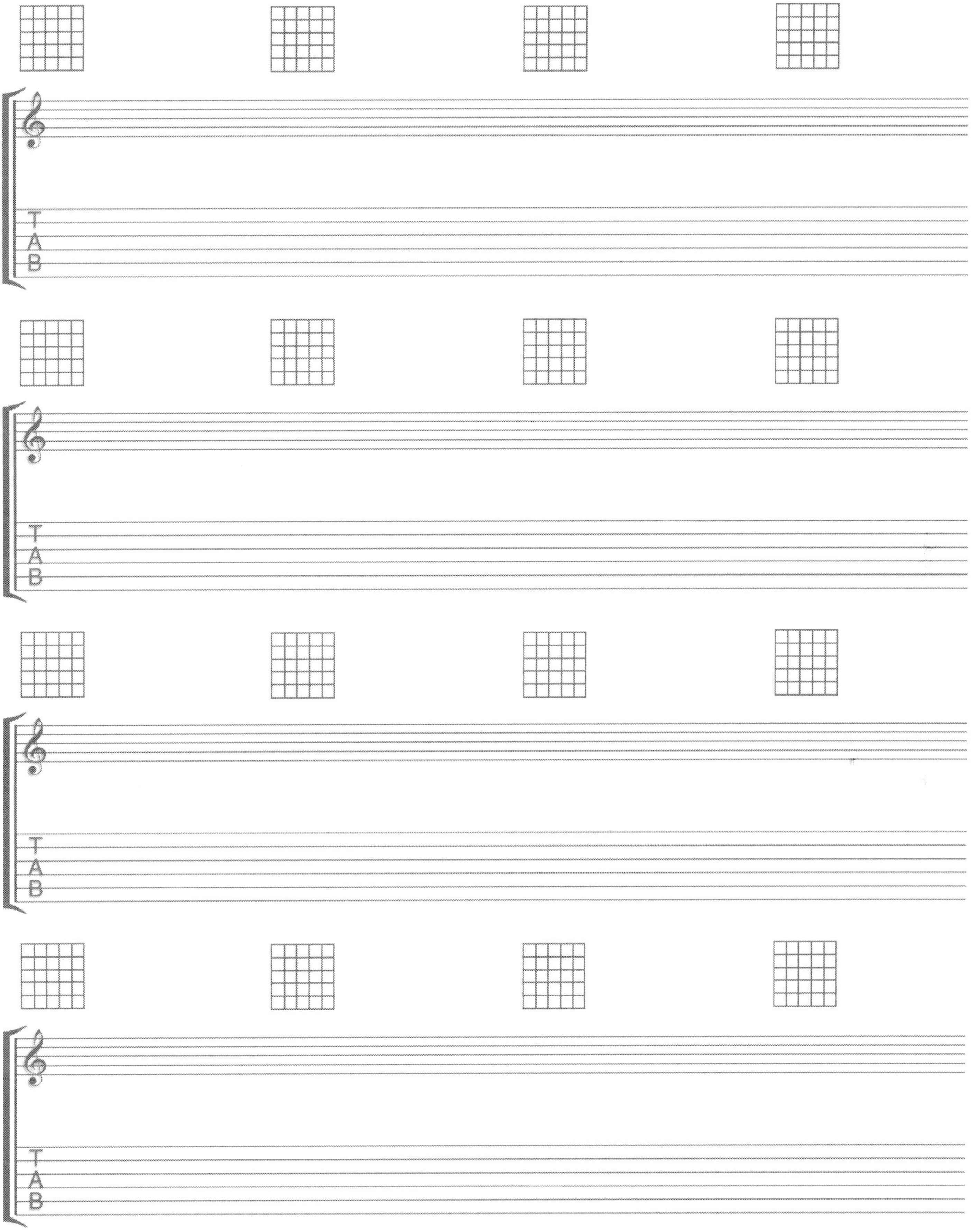
T
A
B
T
A
B
T
A
B
T
A
B

TAB

TAB

TAB

TAB

TAB
TAB
TAB
TAB

TAB
TAB
TAB
TAB

TAB
TAB
TAB
TAB

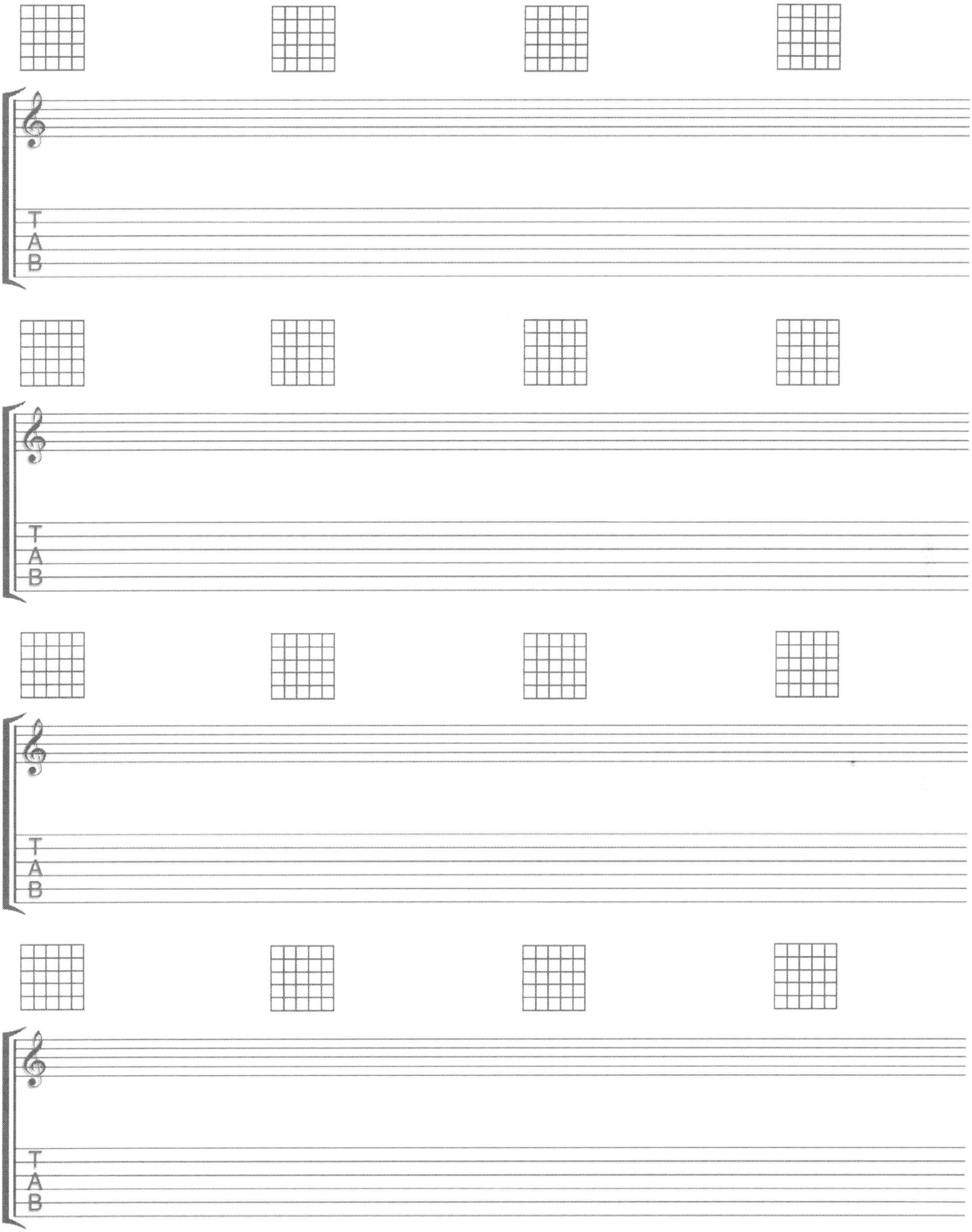

TAB
TAB
TAB
TAB

TAB

TAB

TAB

TAB

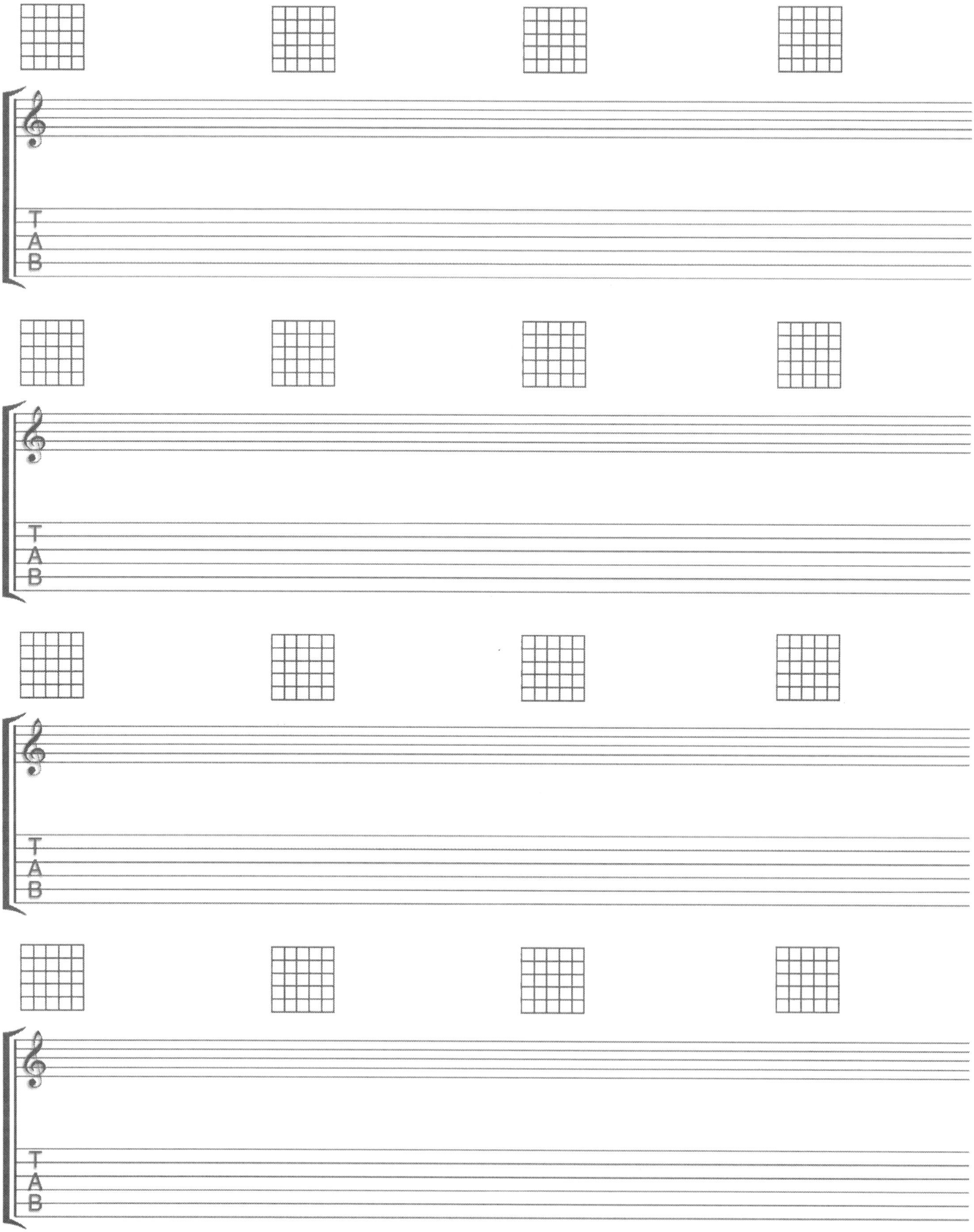
TAB
TAB
TAB
TAB

T
A
B
T
A
B
T
A
B
T
A
B

TAB
TAB
TAB
TAB

TAB
TAB
TAB
TAB

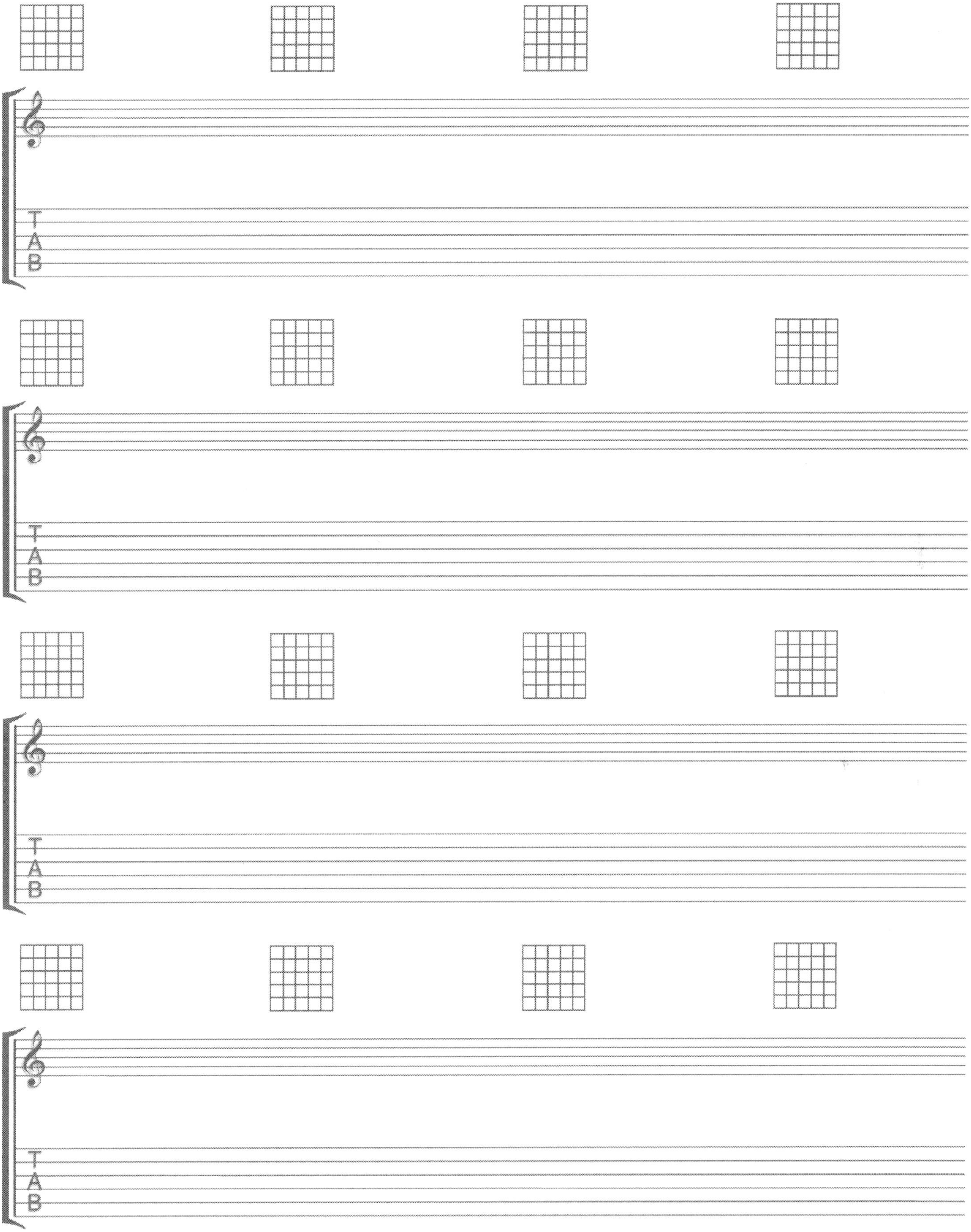
TAB
TAB
TAB
TAB

T
A
B

TAB
TAB
TAB
TAB

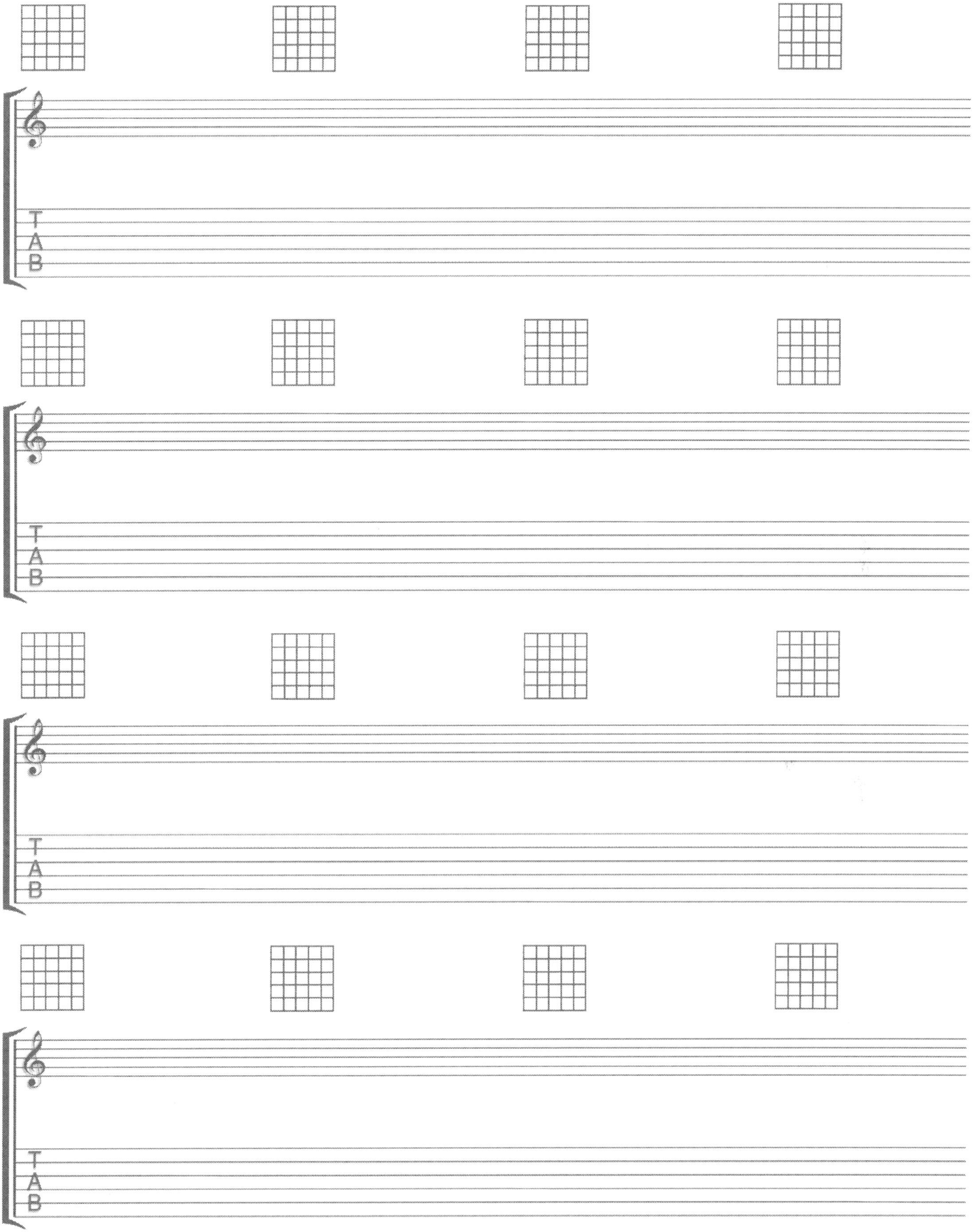
T
A
B
T
A
B
T
A
B
T
A
B

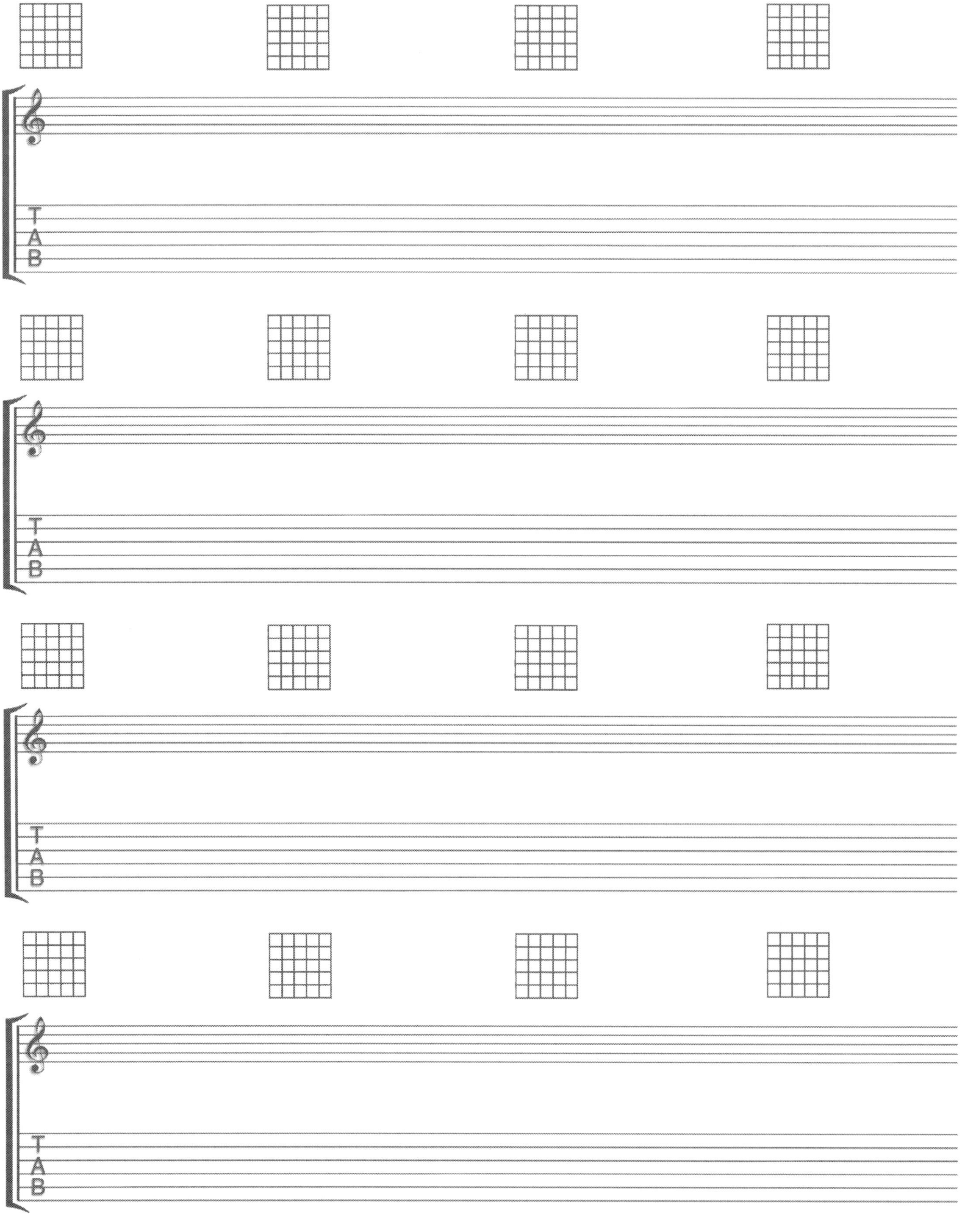
TAB
TAB
TAB
TAB

TAB
TAB
TAB
TAB

TAB
TAB
TAB
TAB

TAB
TAB
TAB
TAB

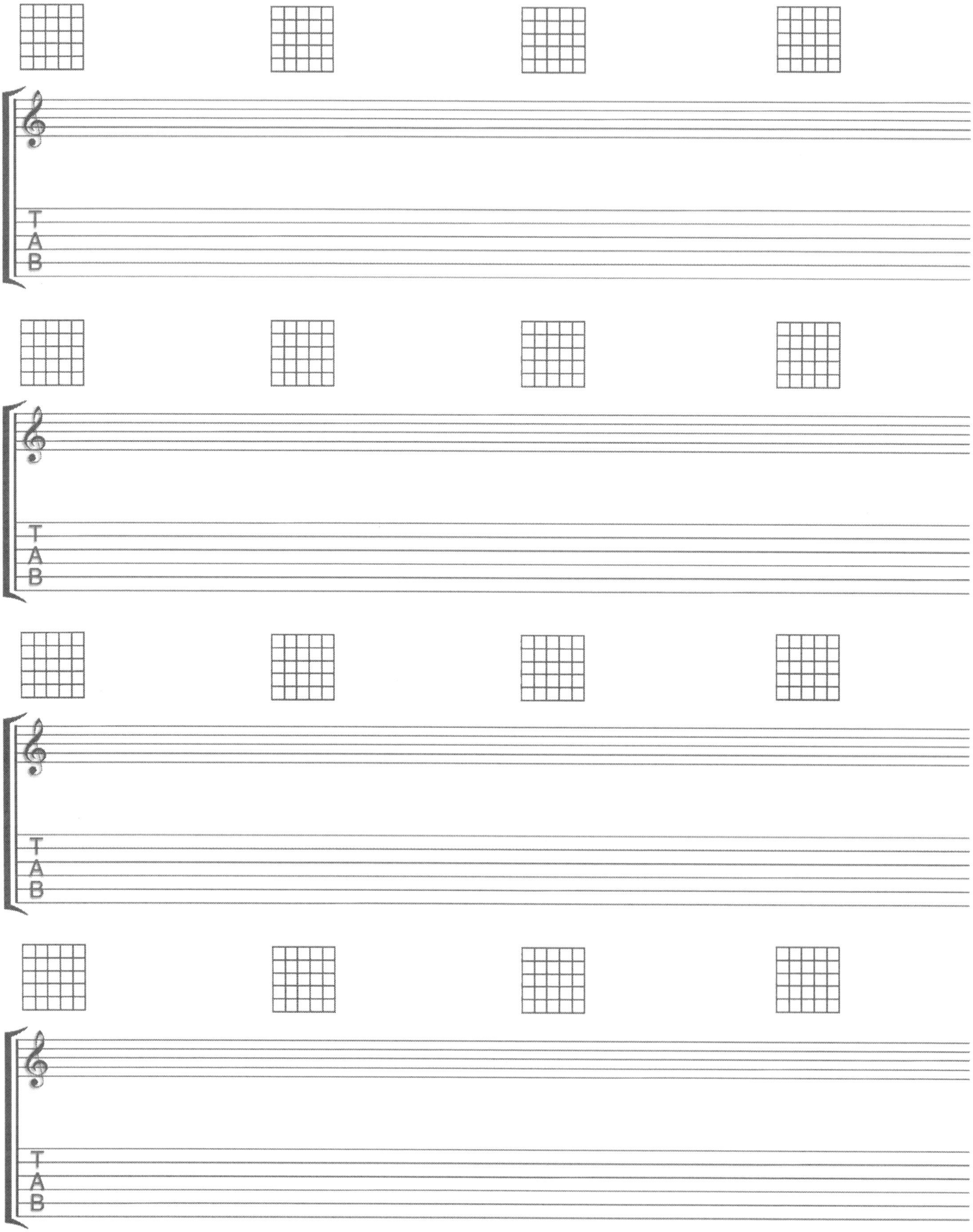
TAB
TAB
TAB
TAB

TAB

TAB

TAB

TAB

TAB
TAB
TAB
TAB

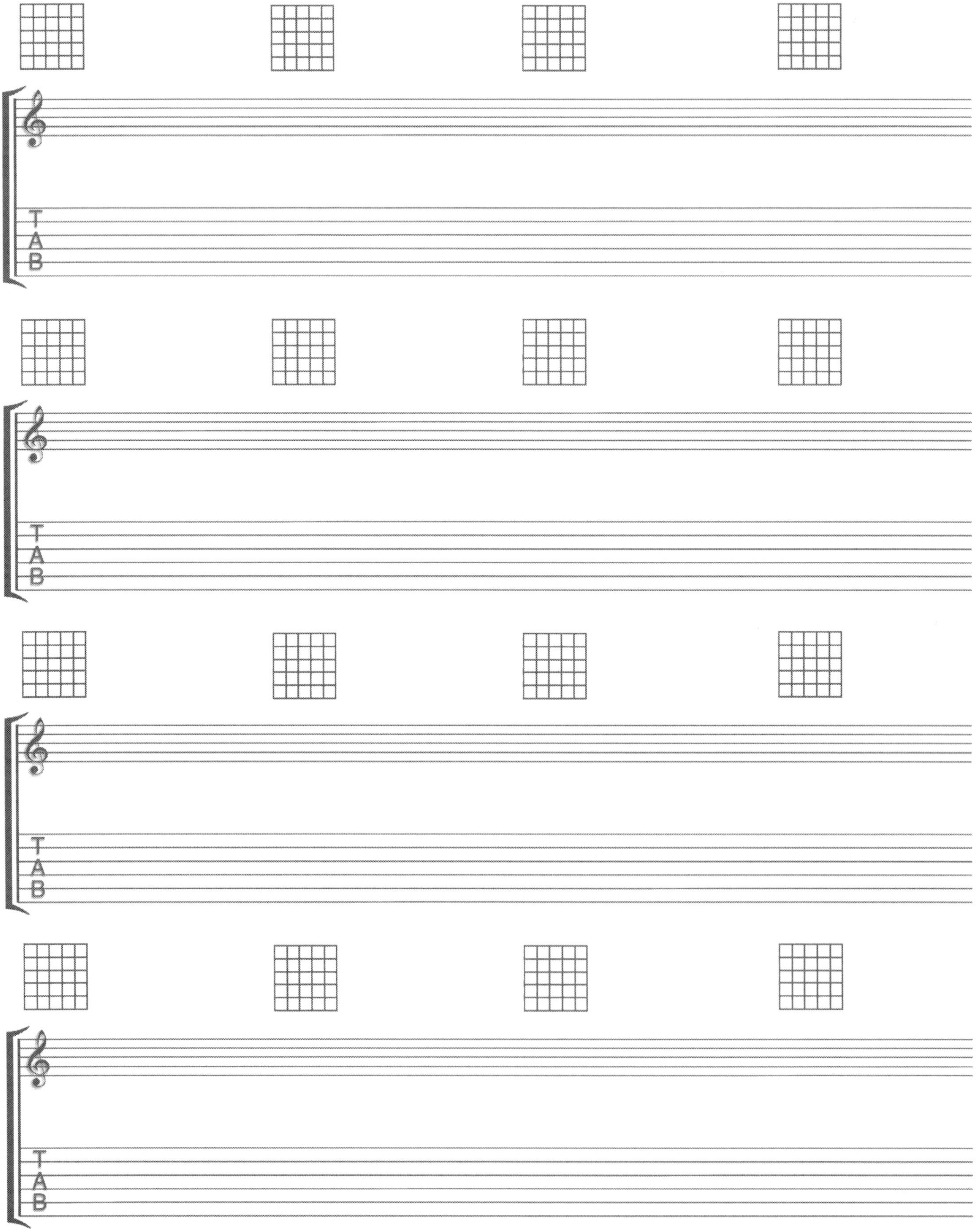
TAB
TAB
TAB
TAB

TAB
TAB
TAB
TAB

TAB

TAB

TAB

TAB

TAB
TAB
TAB
TAB

T
A
B

T
A
B

T
A
B

T
A
B

TAB
TAB
TAB
TAB

TAB
TAB
TAB
TAB

TAB
TAB
TAB
TAB

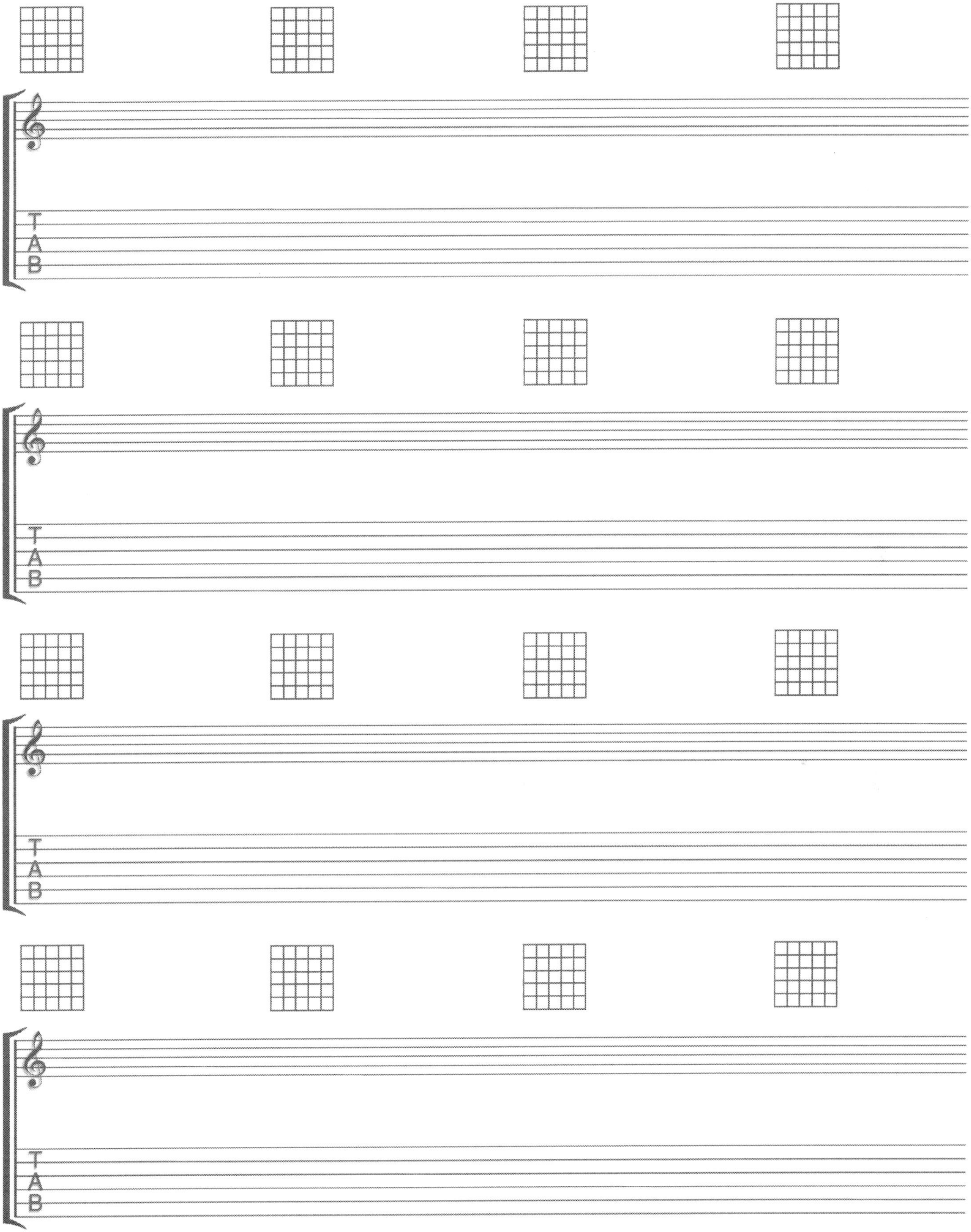
T
A
B
T
A
B
T
A
B
T
A
B

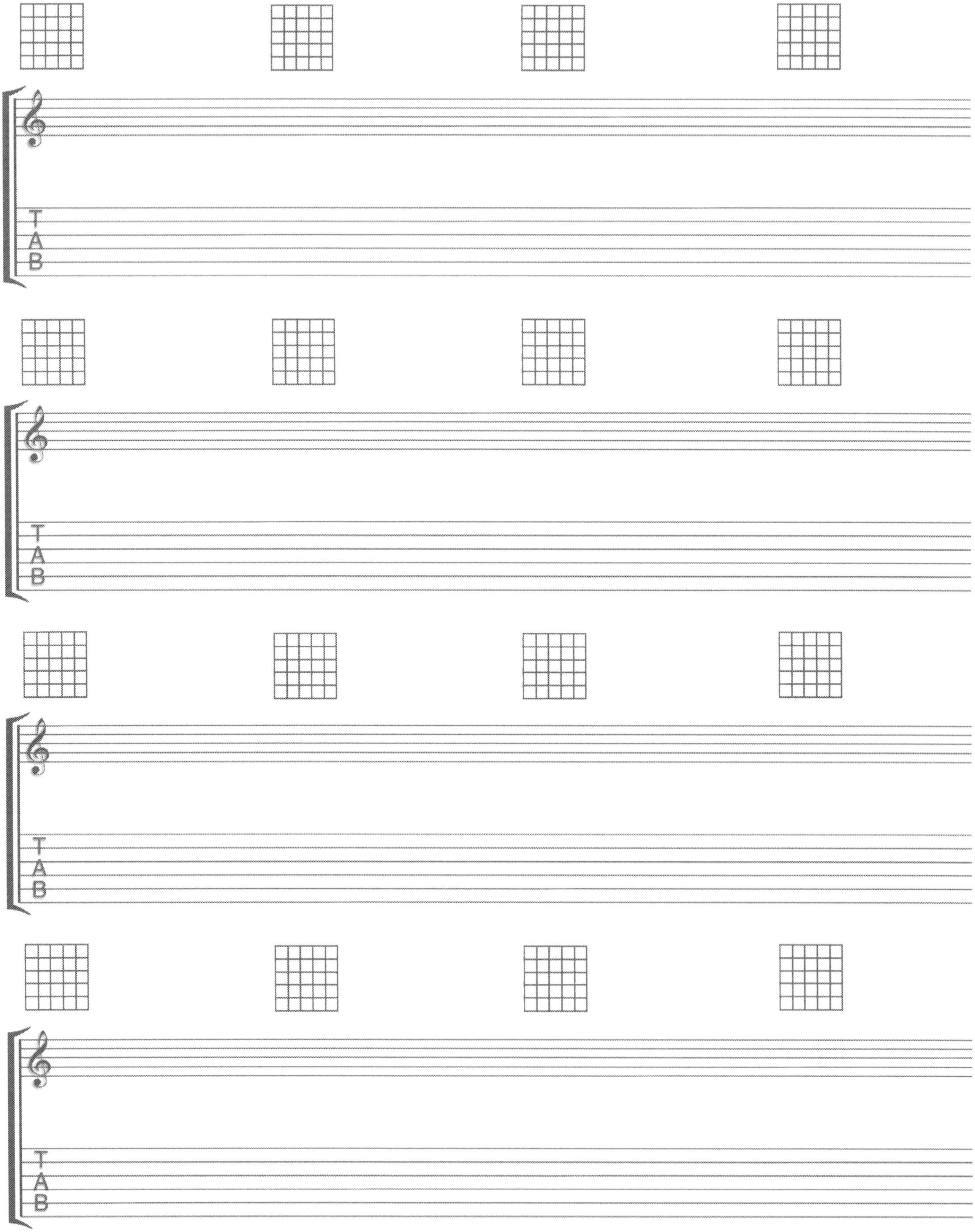

TAB
TAB
TAB
TAB

TAB
TAB
TAB
TAB

T
A
B

T
A
B

T
A
B

T
A
B

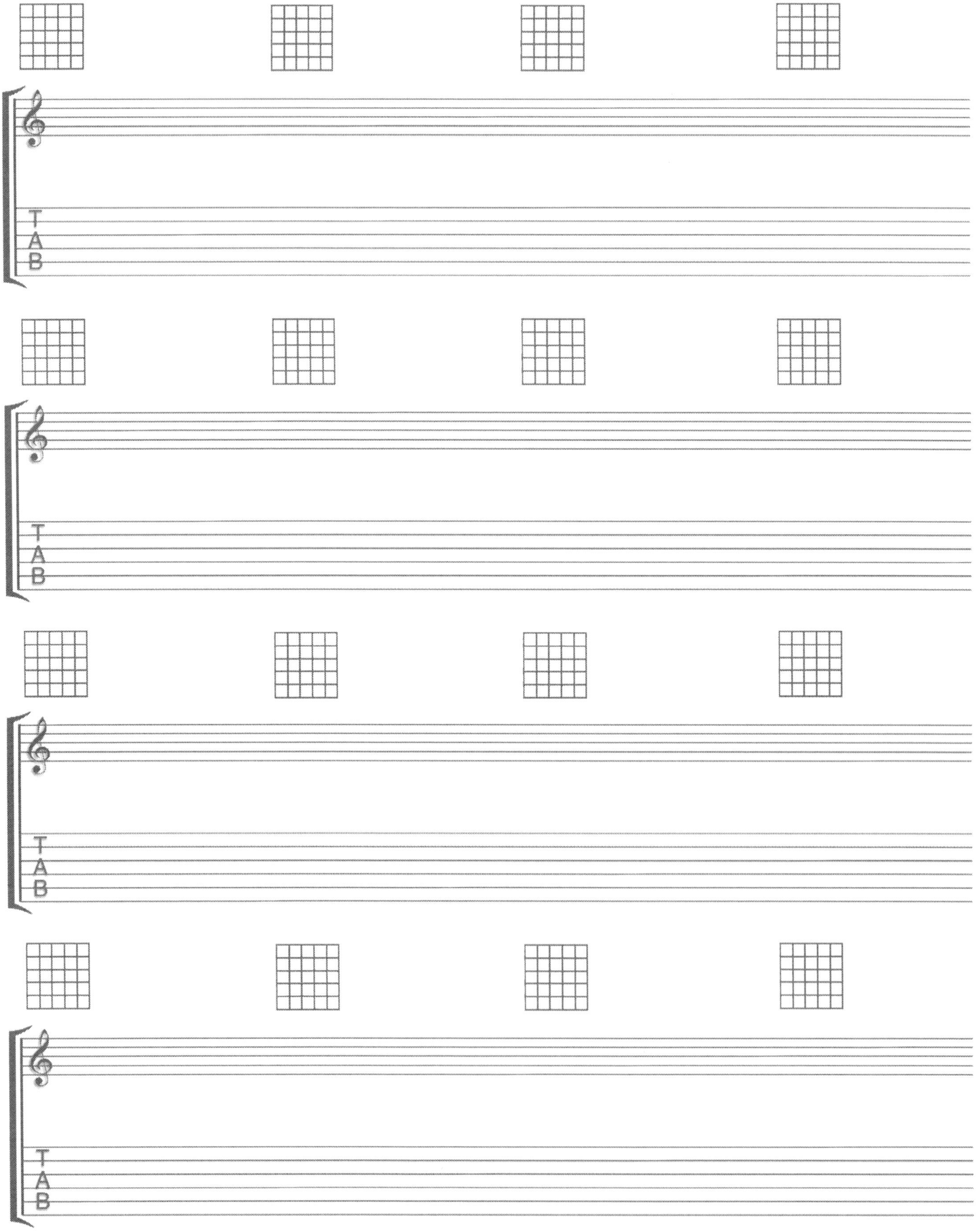
TAB
TAB
TAB
TAB

TAB
TAB
TAB
TAB

TAB

TAB

TAB

TAB

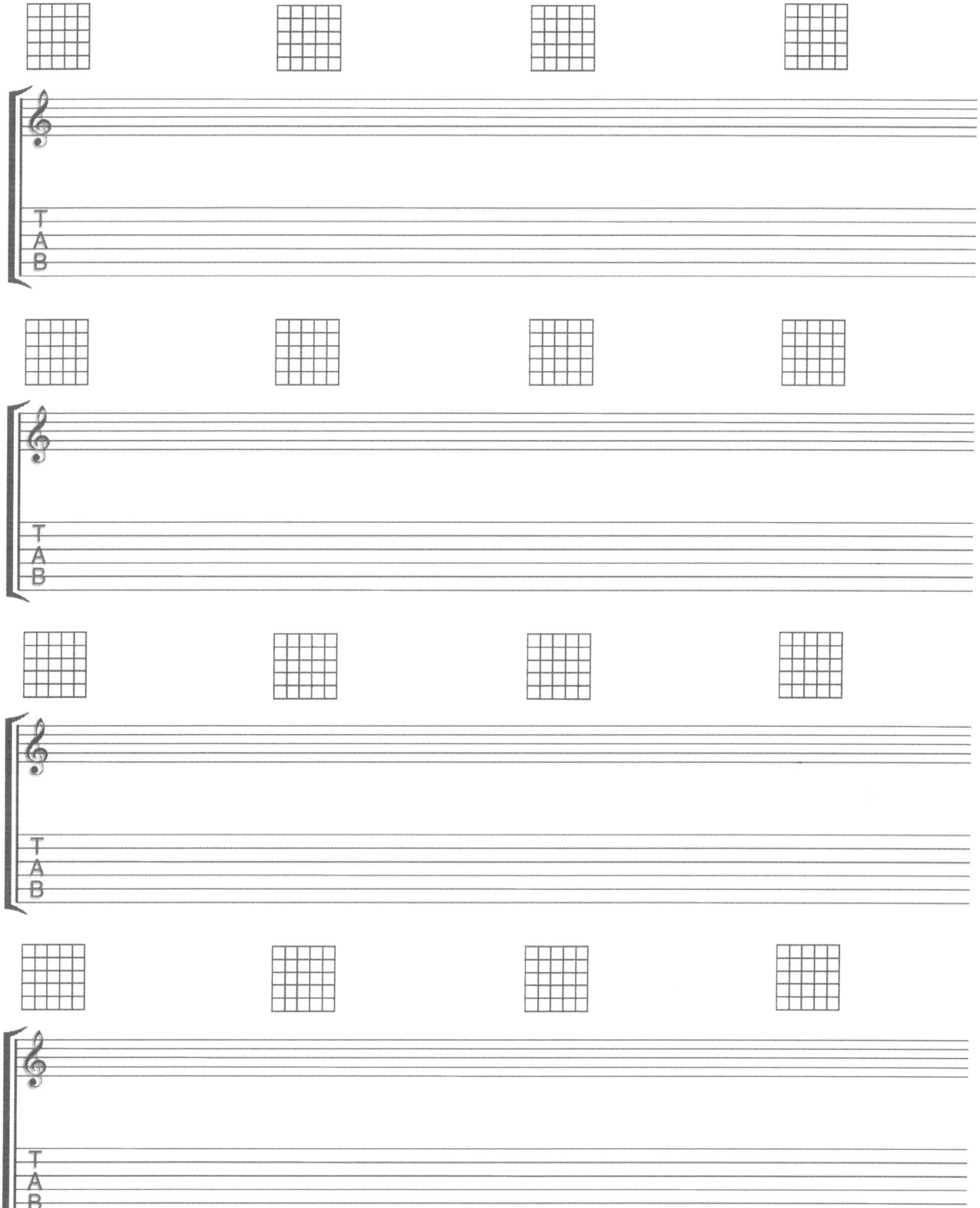
TAB
TAB
TAB
TAB

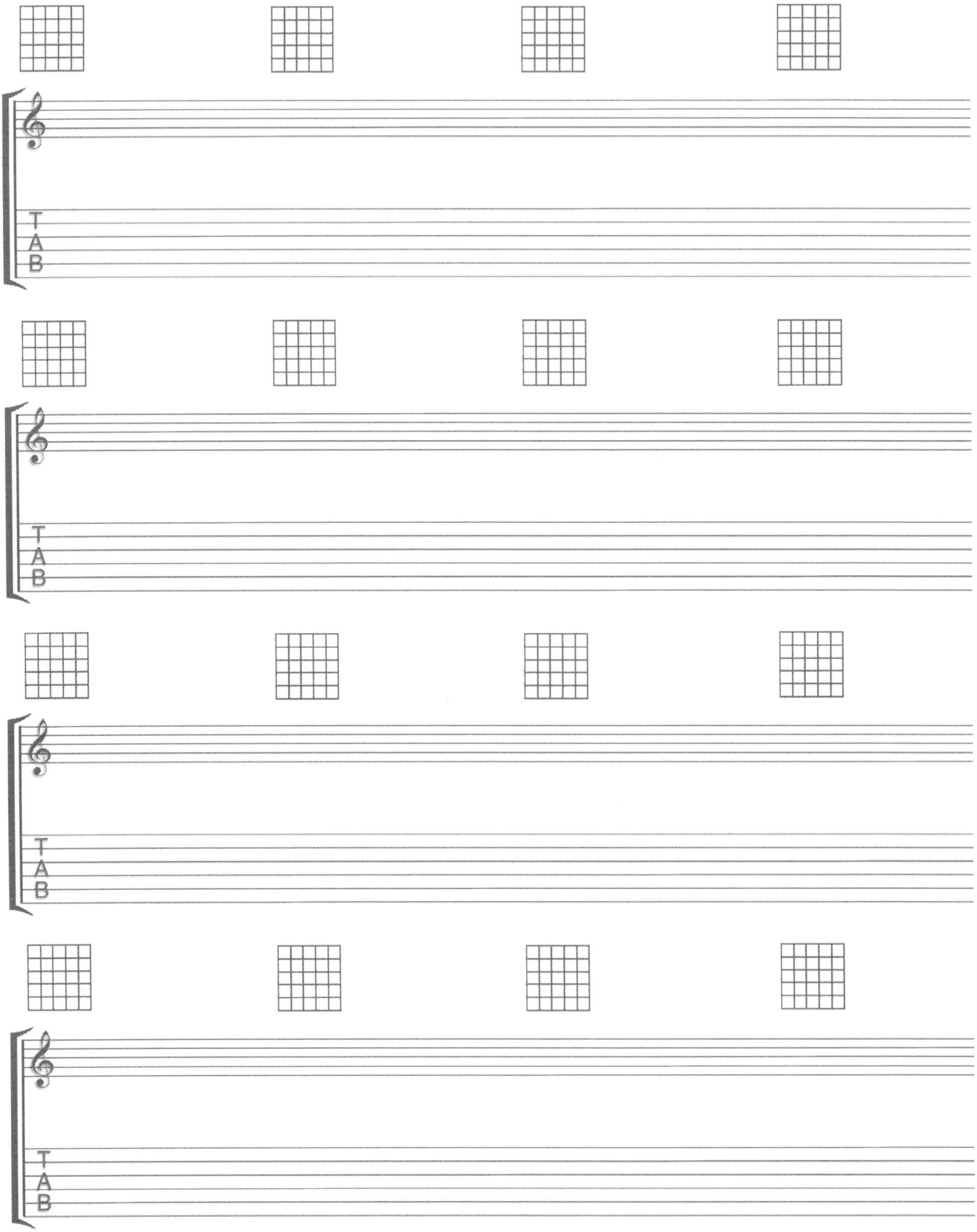
TAB
TAB
TAB
TAB

TAB
TAB
TAB
TAB

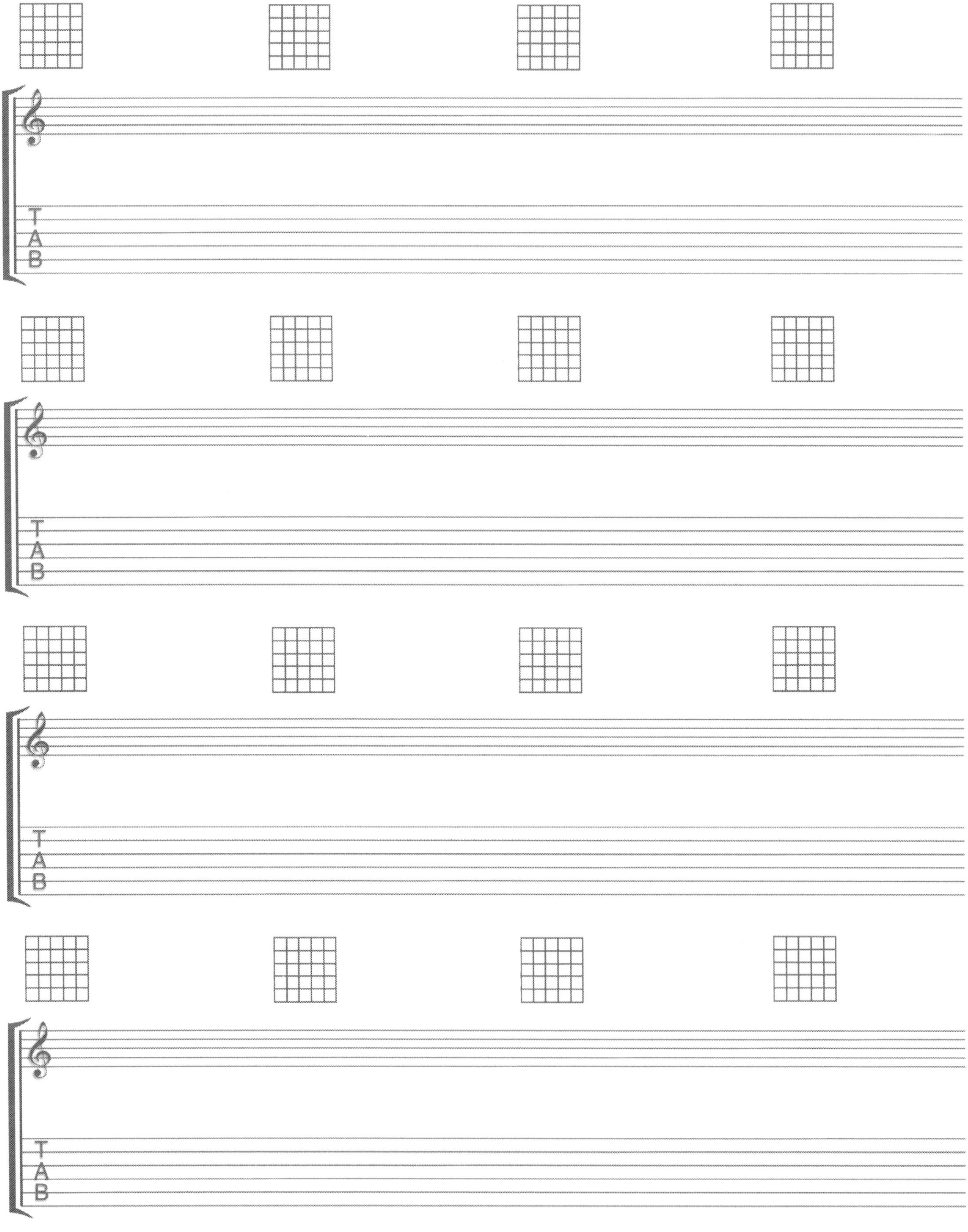
TAB
TAB
TAB
TAB

T
A
B

T
A
B

T
A
B

T
A
B

TAB
TAB
TAB
TAB

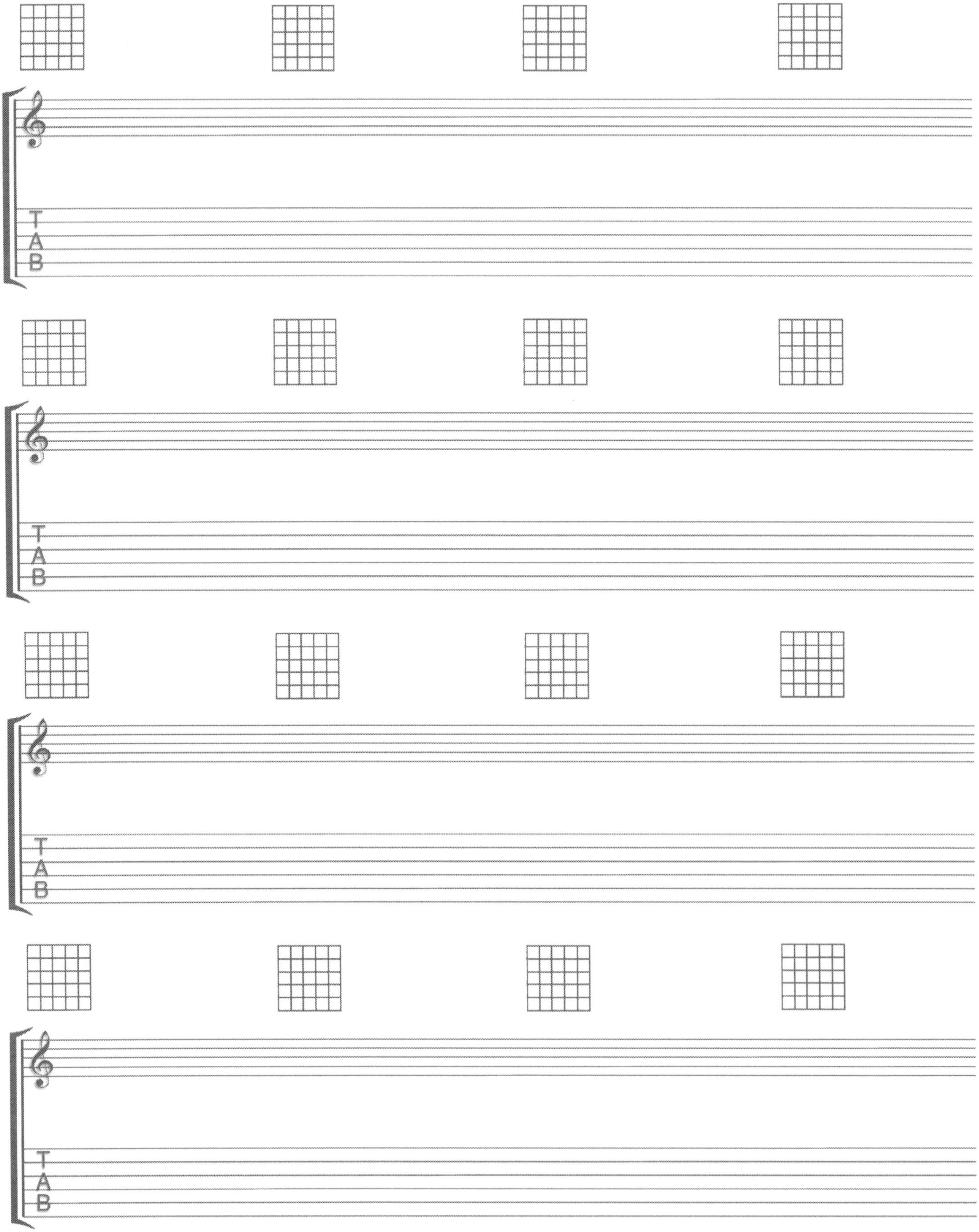
TAB
TAB
TAB
TAB

T
A
B

T
A
B

T
A
B

T
A
B

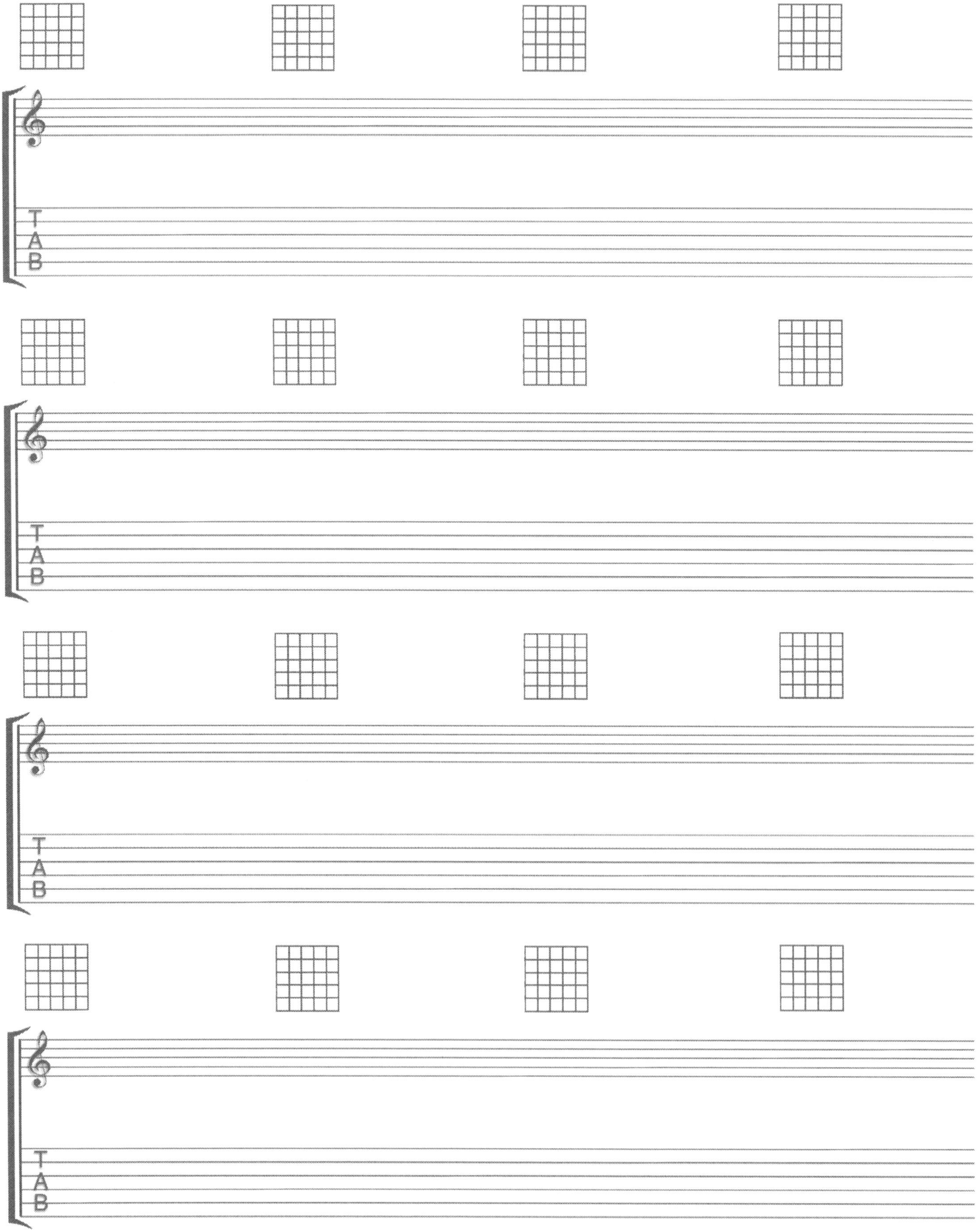
TAB
TAB
TAB
TAB

TAB
TAB
TAB
TAB

TAB
TAB
TAB
TAB

T
A
B

T
A
B

T
A
B

T
A
B

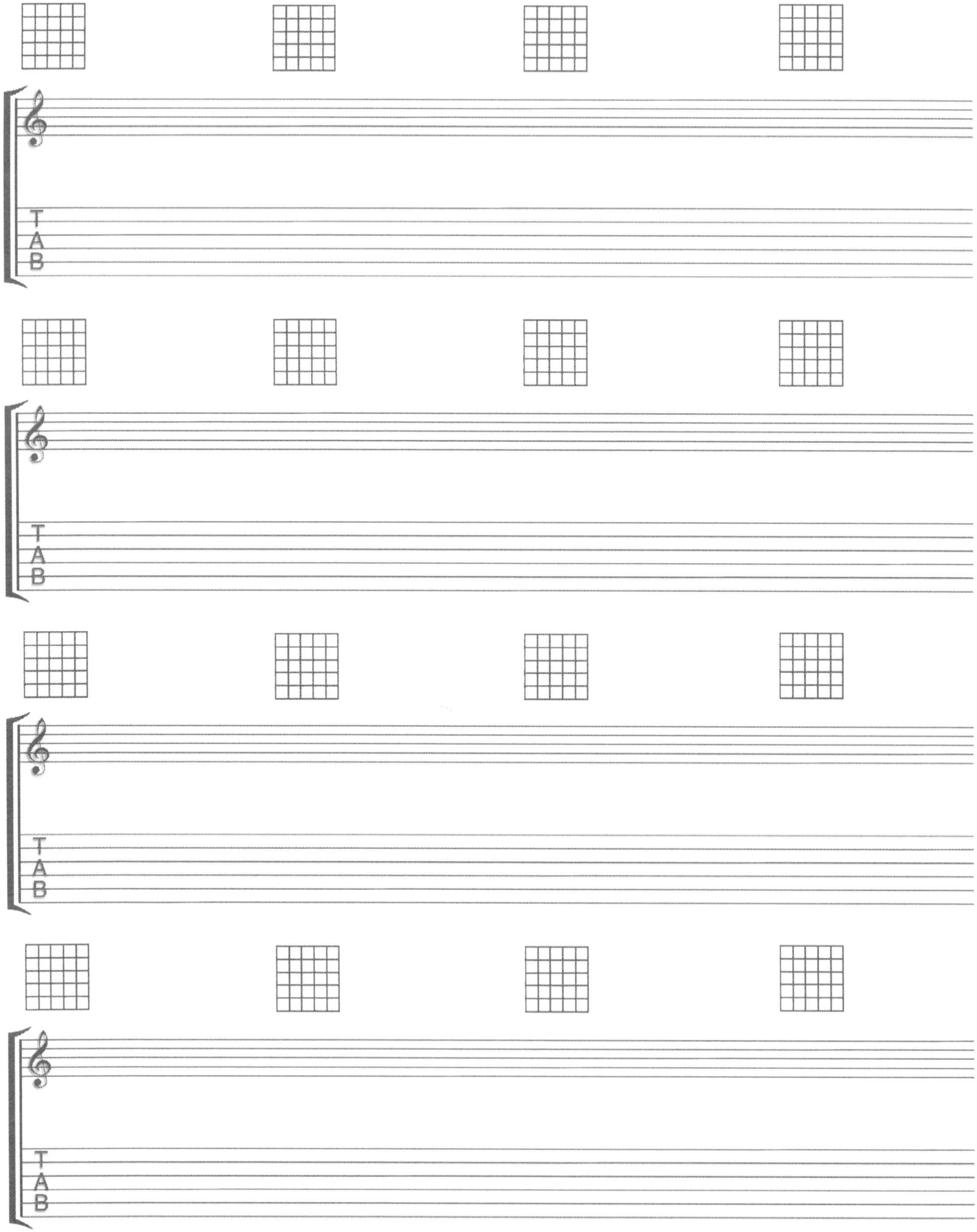

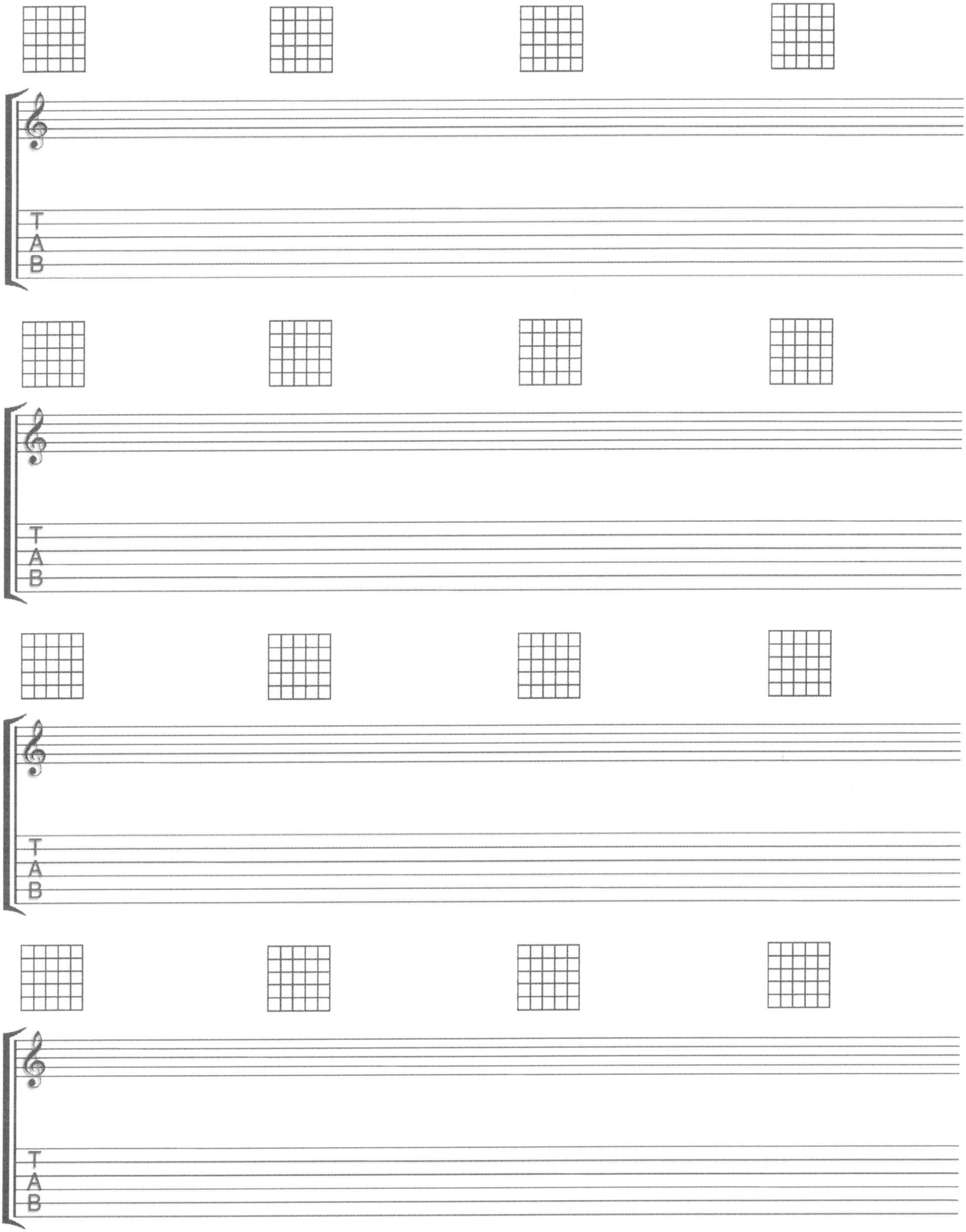
T
A
B
T
A
B
T
A
B
T
A
B

TAB
TAB
TAB
TAB

T
A
B

T
A
B

T
A
B

T
A
B

TAB
TAB
TAB
TAB

T
A
B

T
A
B

T
A
B

T
A
B

TAB

TAB

TAB

TAB

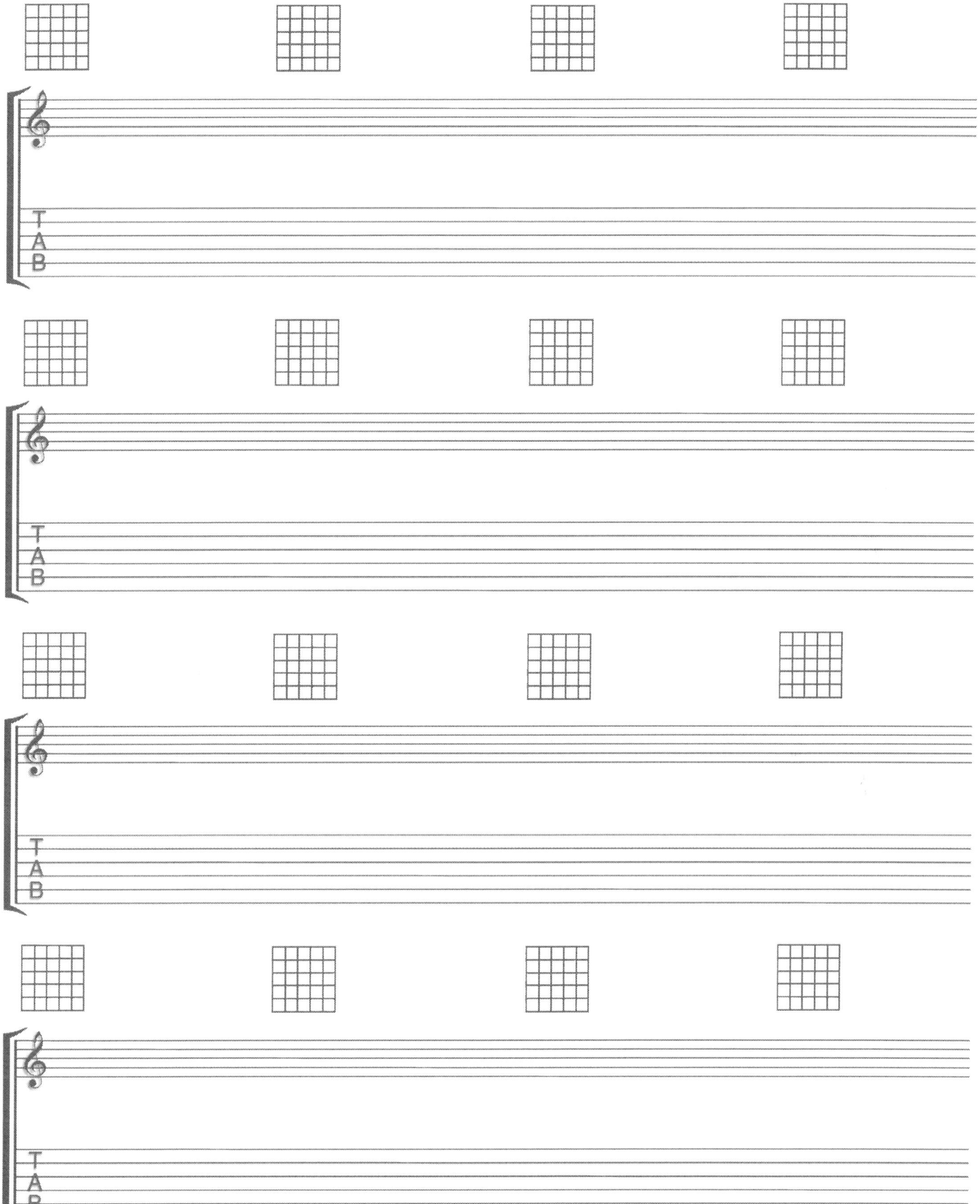
TAB
TAB
TAB
TAB

TAB

TAB

TAB

TAB

T
A
B

T
A
B

T
A
B

T
A
B

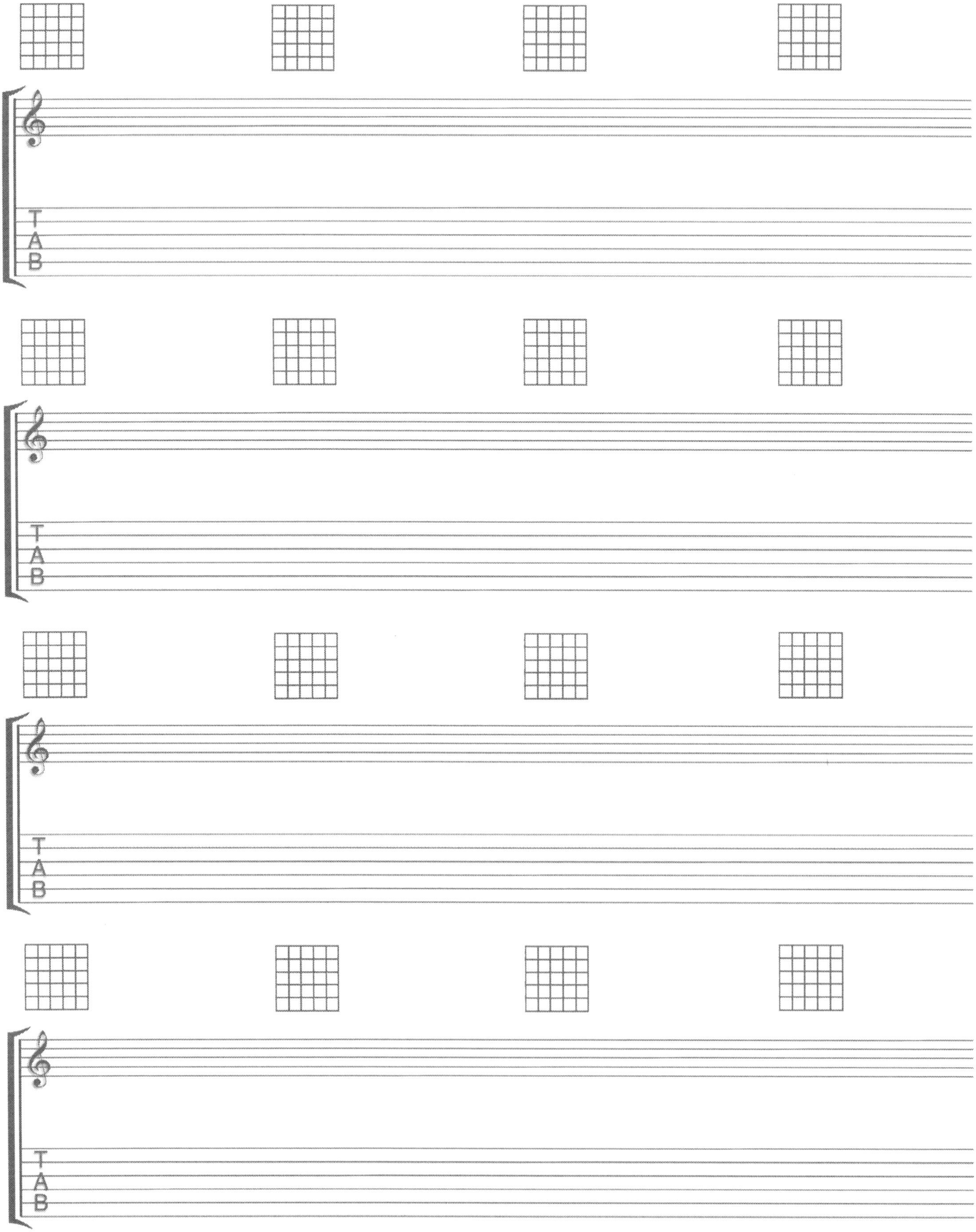
TAB
TAB
TAB
TAB

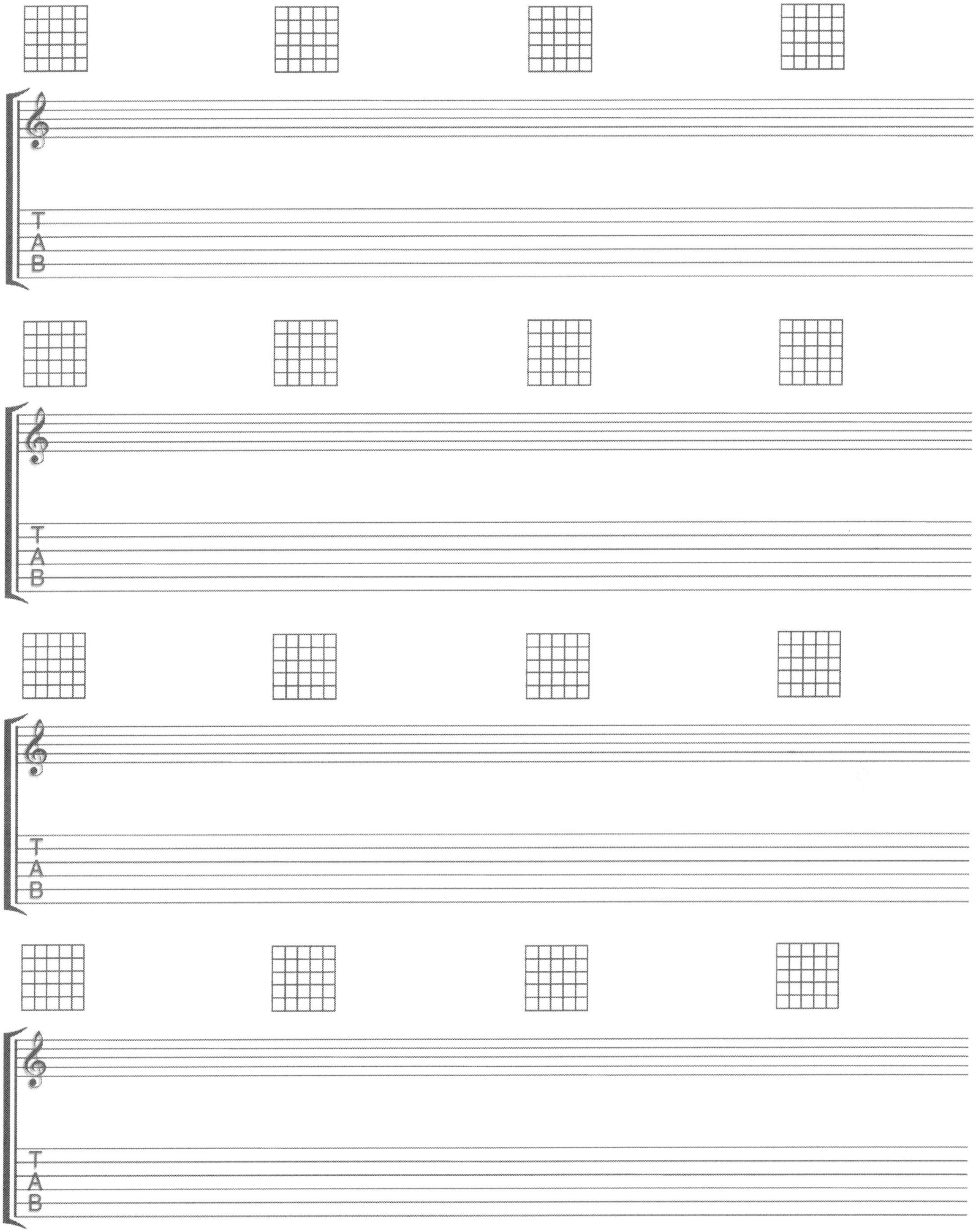
TAB

TAB

TAB

TAB

TAB

TAB

TAB

TAB

TAB

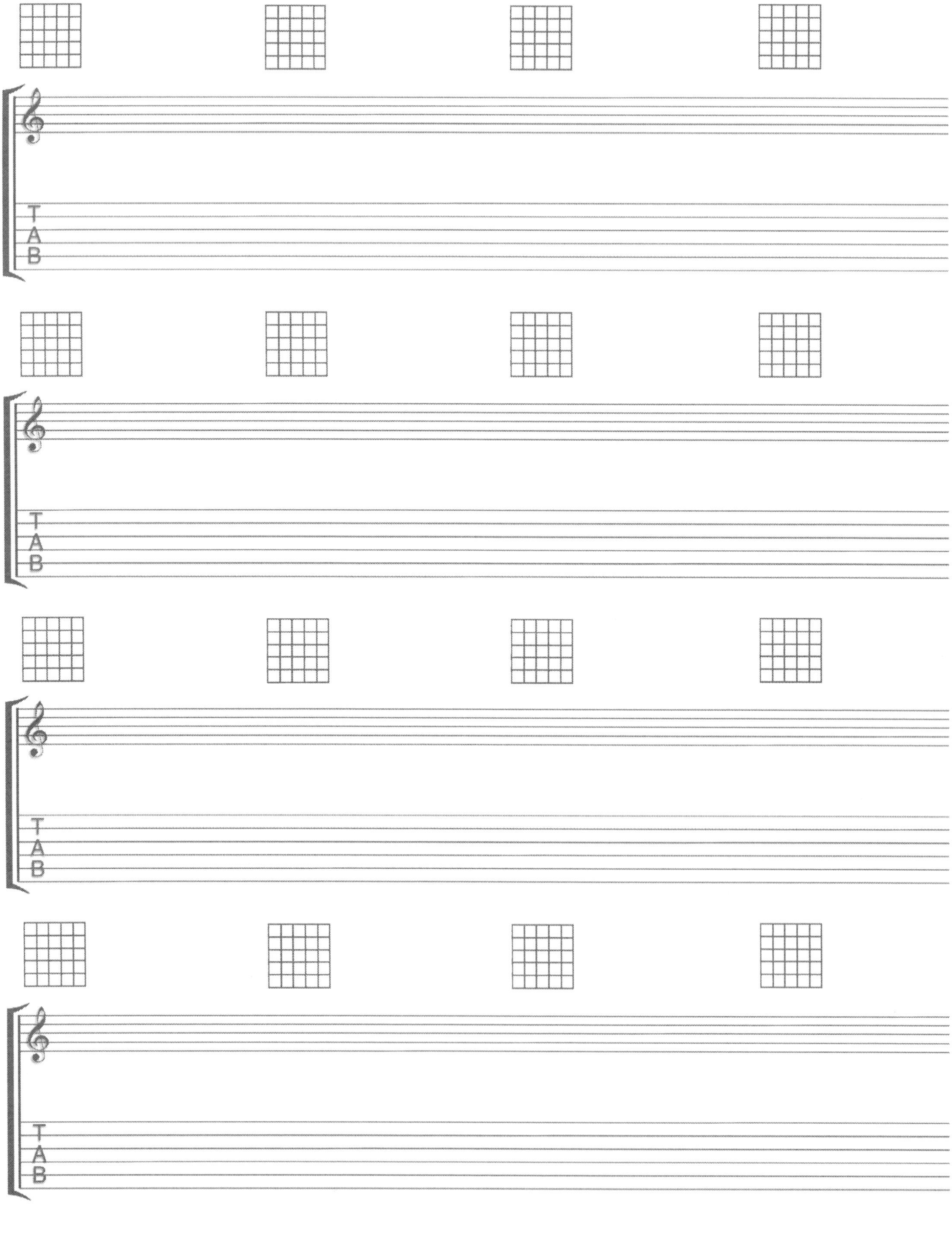
TAB
TAB
TAB
TAB

T
A
B

T
A
B

T
A
B

T
A
B

TAB
TAB
TAB
TAB

TAB
TAB
TAB
TAB

T
A
B
T
A
B
T
A
B
T
A
B

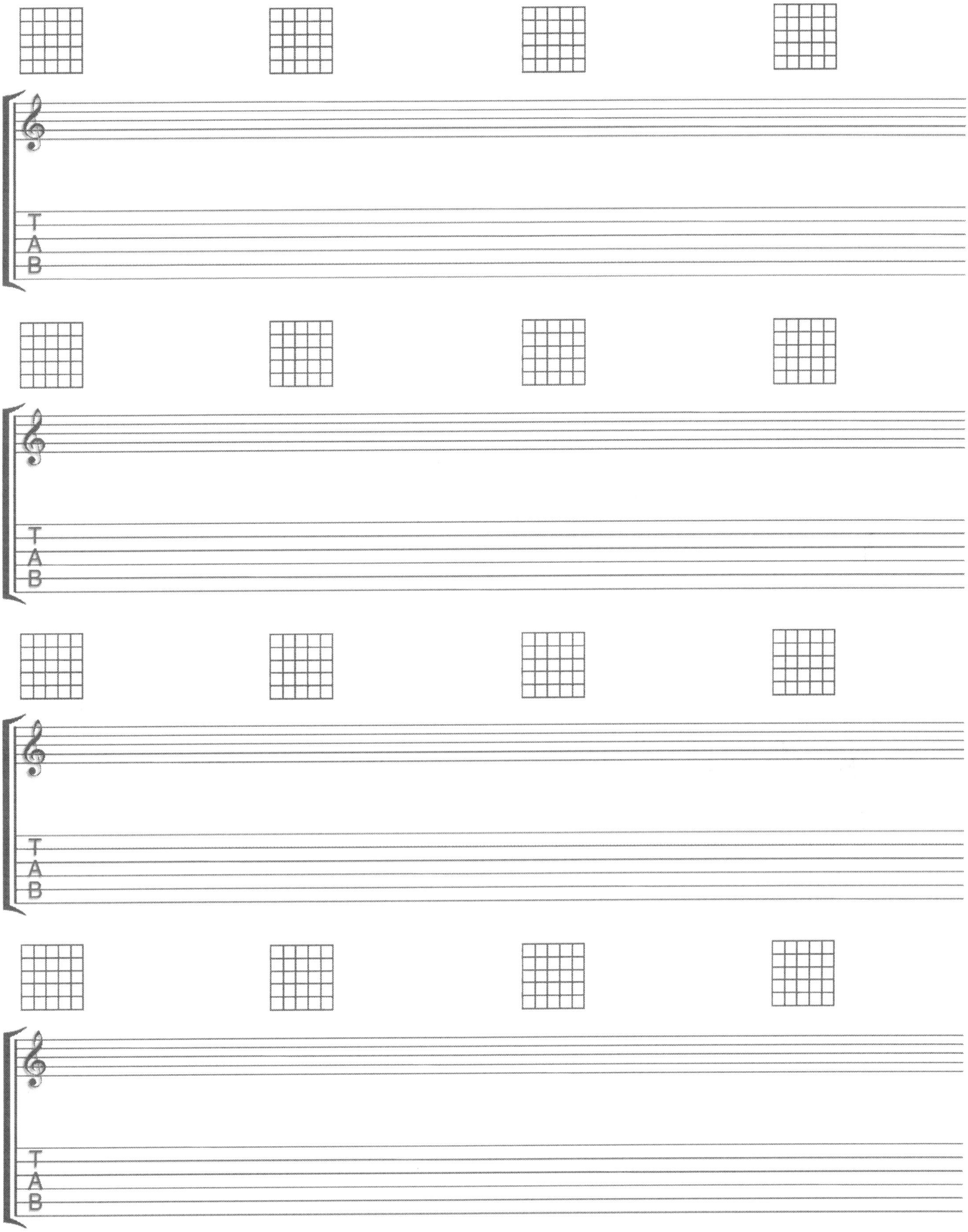
TAB
TAB
TAB
TAB

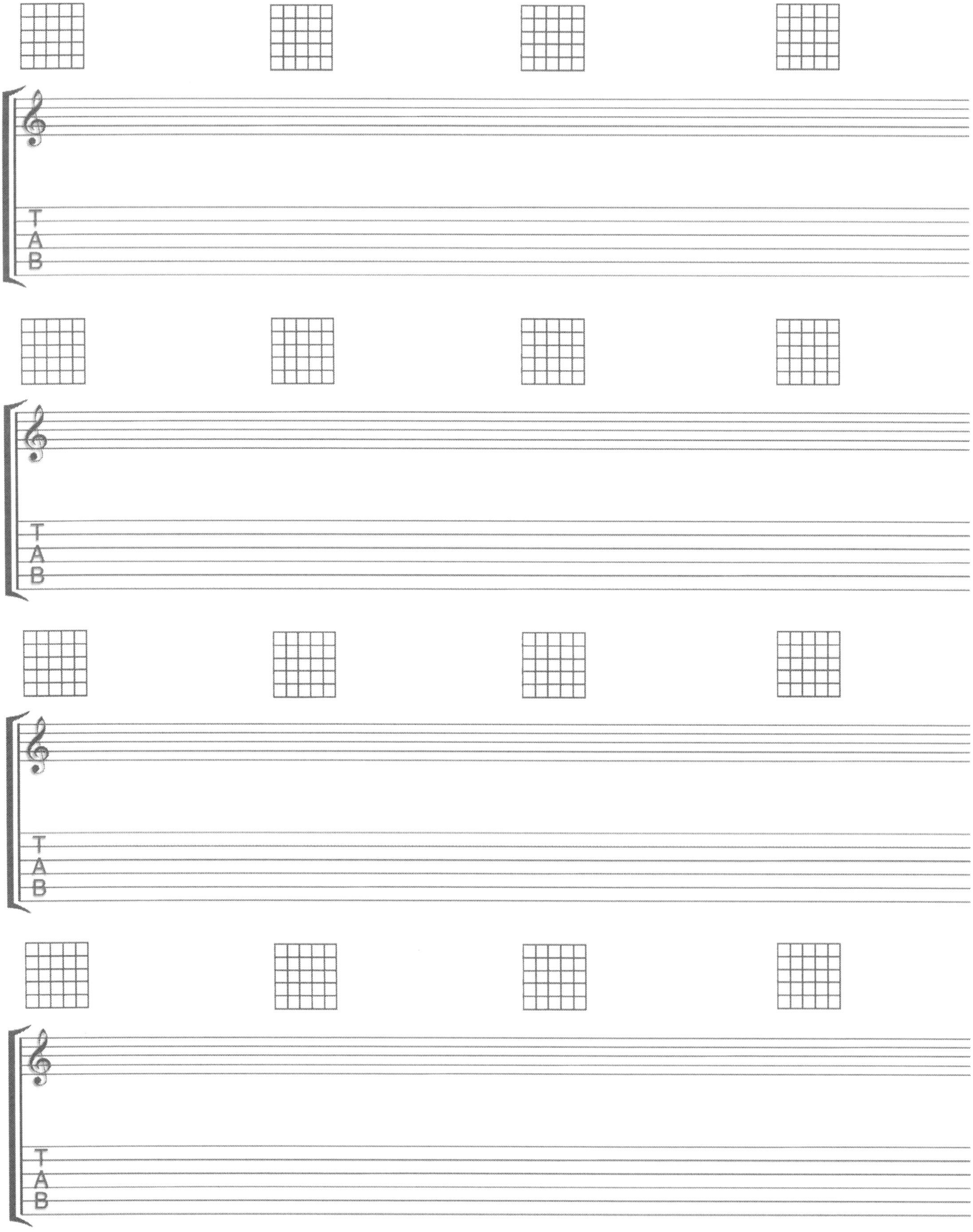
TAB
TAB
TAB
TAB

TAB

TAB

TAB

TAB

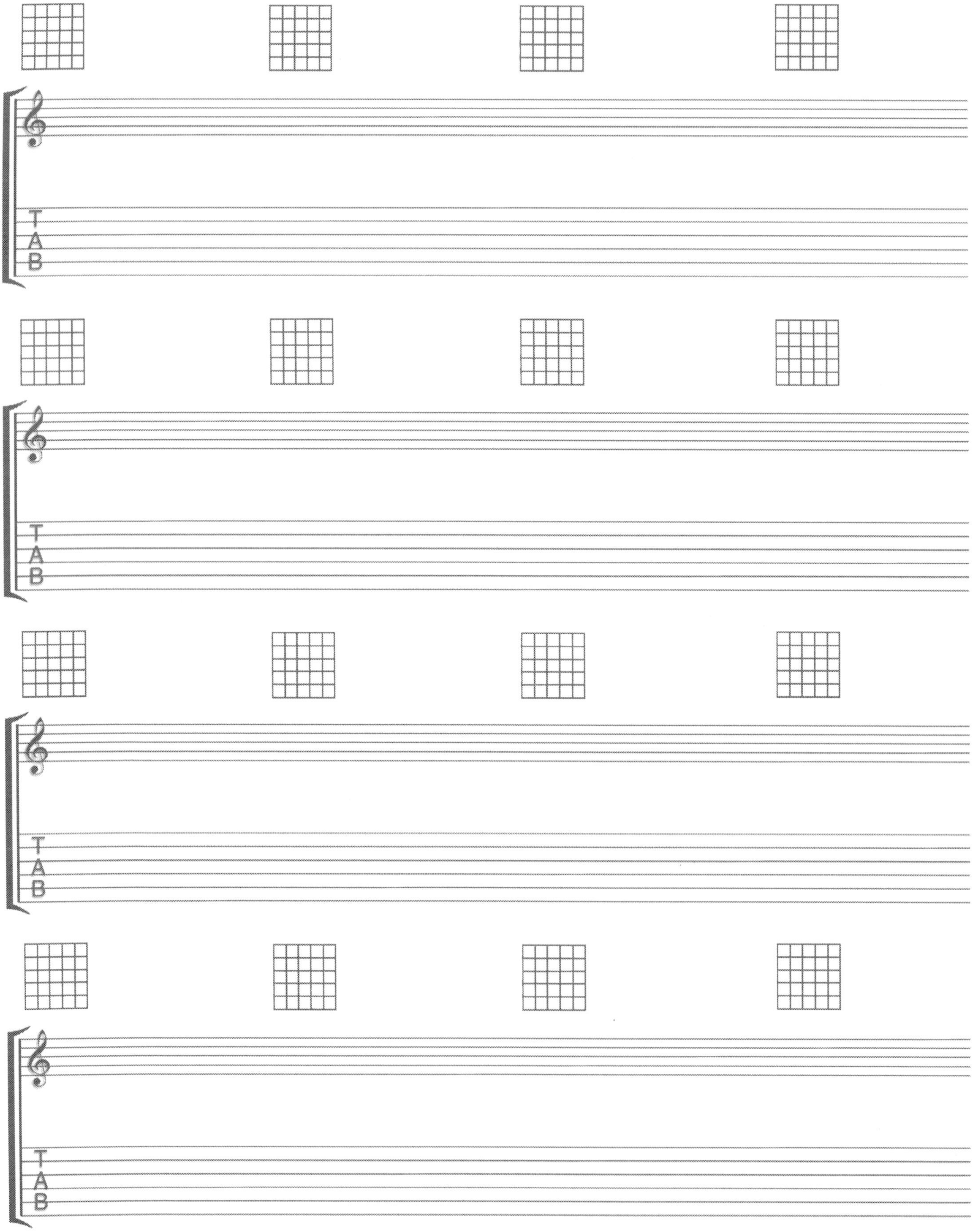
TAB
TAB
TAB
TAB

Made in the USA
Coppell, TX
15 January 2024

27725624R10057